我国生育保障法律制度研究

潘胜莲 / 著

中国纺织出版社有限公司

图书在版编目（CIP）数据

我国生育保障法律制度研究 / 潘胜莲著 . -- 北京：中国纺织出版社有限公司, 2022.12
ISBN 978-7-5229-0260-9

Ⅰ.①我… Ⅱ.①潘… Ⅲ.①人口与计划生育法—研究—中国 Ⅳ.① D923.974

中国版本图书馆CIP数据核字（2022）第249078号

责任编辑：郭　婷　　责任校对：楼旭红
责任设计：晏子茹　　责任印制：储志伟

中国纺织出版社有限公司出版发行
地址：北京市朝阳区百子湾东里 A407 号楼　邮政编码：100124
销售电话：010—67004422　传真：010—87155801
http://www.c-textilep.com
官方微博 http://weibo.com/2119887771
天津千鹤文化传播有限公司印刷　各地新华书店经销
2022 年 12 月第 1 版第 1 次印刷
开本：710×1000　1/16　印张：9.75
字数：170 千字　定价：48.00 元

凡购本书，如有缺页、倒页、脱页，由本社图书营销中心调换

前　言

生育作为人类社会最基本的活动，与个人健康、家庭发展、人口结构和国家民族可持续发展密切相关。近十年来，我国生育率持续下降，国家积极转变生育政策，于2021年7月明确"实施三孩生育政策及配套支持措施"。同年8月，修改后的《人口与计划生育法》规定"国家提倡适龄婚育、优生优育、一对夫妻可以生育三个子女"。国家明确提出要减轻家庭的生育、养育、教育成本，优化生育政策，建立健全促进家庭发展的政策体系，不断增强家庭发展能力，稳定和提升生育意愿，努力构建生育友好型社会。当前，我国正处于从人口大国向人力资本强国转变的重大战略机遇期，实施"三孩"政策和配套支持措施，能够最大限度发挥人口对经济社会发展的能动作用，积极应对生育水平持续走低的风险。女性既是生育活动的主要承担者，又是劳动力的重要组成部分。健全、完善的生育保障法律制度是缓解生育歧视、实现女性生存发展权和社会性别主流化的重要途径，是促进性别平等、保障公民基本权利和家庭根本利益的前提与基础。

生育保障的改革和发展建基于良法善治的生育保障法治体系。为了构建良法善治的生育保障法治体系，要经历从生育保障法律制度的健全和完善到生育保障立法体系的构建等一系列过程。该过程要经历话语转换、事理辨析和法理探究等环节：在话语转换环节，从生育保障事实中提炼出生育保障的事理，再从事理中提炼生育保障的法理，经此过程完成生育保障的法学解读；要遵从理论生成到法学转化的方式，明晰生育保障法学创新的逻辑起点，从法理上探究生育保障法学创新的主要模式，即具化、改良、革命和整合。依据此路径，完成生育保障法律制度的补充、改进到生育保障法律制度的衔接和配合，再到生育保障法律体系化构建，还需要推进传统部门法的完善，实现"生育友好化"的立法转变。

中华人民共和国成立以来，生育保障制度不断改革、发展和完善。从生育保障制度的演变脉络可以发现：制度架构从多元分割到逐步整合，保障体系从分层到统一，保障对象从城镇职工到全民普惠，保障责任从个人缺位到多方负担，保障水平逐渐提高。在"三孩"时代背景下，生育保障发展面临着生育保障利益诉求多元化及权利化、生育保障责任分担制度有违公平原则、生育歧视司法救济制度供给不足等一系列问题与挑战。因此，要着力建立健全完善的生育保障法治体系：基于生育保障利益权利化诉求构建生育保障权，丰富生育保障权的内涵，满足权利人多元化的生育保障利益；建立科学合理的生育保障责任分配制度，国家、雇主和家庭都应当承担应有的生育保障责任；尝试构建生育歧视公益诉讼制度，以弥补生育歧视法律救济制度供给不足的困境。

生育保障法律制度的构建必须要明确其逻辑起点——生育保障权。生育保障权是生育保障的权利表达，现有的人身权和财产权均无法对其进行解释，社会保险权理论也不足以囊括生育保障权的内容，必须采用"革命"的方式明确该权利，此为生育保障权构建的必要性。生育保障权符合权利生成的基本条件，即基本权利所包含的要素均具备：具有主体直接追求的生育保障利益，具备主体资格要素；生育保障的价值和意义已被社会广泛认可和积极实践，具备正当性基础。权利内容包含行为自由的要素，个人、组织、国家等均须承担生育保障义务，具备义务承担者要素，可被法律确认和保护，具有司法上的可诉性。生育保障权的上述特征使该权利具有构建的可能性，而生育保障权的权利主体、义务主体、权义客体、权利内容均对应着丰富的内涵，构成了生育保障权的规范性要素。生育保障权是国际法上的基本人权、宪法上的公民基本权利、普通法上的现实法律权利。生育保障权的权利主体可以通过积极行使生育保障知情权、请求权、救济权等程序性的权利来确保经济保障权、健康保障权、就业保障权和公共服务保障权等权能的实现。在必要的时候生育保障权权利人可以通过行使程序上的权利如生育保障请求权、救济权参与诉讼，在特殊情况下，由国家检察机关采用民行生育保障公益诉讼的方式帮助当事人维护合法权益。

人口再生产是社会生产的必要前提，为社会经济发展做出了巨大贡献，为社会提供了充足劳动力，满足了家庭情感需求和家族延续的需要，政府、雇主和家庭需要共担生育保障责任。现行生育保障责任分担机制有违公平原则，如政府的生育保障成本向用人单位和女职工转嫁；雇主对生育保障成本的分担低于社会责任要求；家庭内部生育保障责任畸轻畸重等。面对以上这些问题，我国有必要重构生育保障法律责任分担机制：国家要承担生育保障法律责任制度重构与监督执行责任；雇主应建立平衡工作—家庭的支持体系，严格落实法律赋予的生育保障责任；对于家庭内部而言，需要男女平等共担生育保障职责。

若无司法保障，生育保障权将难以实现，生育保障权益的司法保障在实践中

前言

以生育歧视诉讼较为常见，故本文以生育歧视公益诉讼为例，提出构建和完善生育歧视公益诉讼制度的路径。生育歧视公益诉讼制度的构建和完善可从以下六个方面着手：其一，确定受案范围，充分保护求职女性和在职女性的平等就业权；其二，选定原告，可将我国检察机关和具有相关资质的社会组织，如妇女联合会作为原告来启动程序；其三，确定管辖法院，由生育歧视行为发生地或被告住所地、分支机构、代表机构等所在地的中级人民法院审理；其四，分配举证责任，不同的原告承担不同的举证责任；其五，分担诉讼费用，采取费用减免和分散相结合的方式；其六，确立对生育歧视公益诉讼原告的法律援助制度。上述制度的构建和完善可在解决女性群体平等就业权所面临的司法救济困境问题上提供有价值的参考。

回归立法层面，需检视与反思我国现行生育保障立法是否能够满足生育保障事业改革和发展的需要。微观层面的生育保障法律制度应进行修改和完善，致力于提供从产前到产后的全过程保障，明确政府、企业、家庭生育保障法律责任。中观层面应加强生育保障法律制度之间的衔接配合，如经济、健康、就业、公共服务保障制度之间的衔接与配合；生育保障民事、行政、刑事法律责任制度之间的衔接与配合以及生育保险、生育福利、生育救助法律制度之间的衔接与配合。在此基础上推进生育保障法律体系化，确定人口与计划生育法作为生育保障领域的龙头法，推进生育保障主干法、地方法和配套法的建设，对传统部门法，如宪法、行政法、经济法、诉讼法进行"生育友好化"改造，以期构建"生育友好型"生育保障立法体系，为我国生育保障事业的发展和改革提供参考。

著者

2022 年 9 月

目 录

导论 1

第一章 生育保障的法理基础 15

第一节 生育保障的法学解读 15
第二节 生育保障法学创新的逻辑起点 23
第三节 生育保障法学创新的主要模式 28

第二章 我国生育保障法律制度历史回顾与反思 40

第一节 我国生育保障法律制度历史回顾 40
第二节 "三孩"时代生育保障法律制度发展障碍性因素 ... 44

第三章 生育保障法律制度的权利基石——生育保障权 ... 53

第一节 生育保障权利性质探讨 53
第二节 生育保障权构建的必要性及可行性 55
第三节 生育保障权的内涵 64
第四节 生育保障权的规范性要素与非规范性要素 66
第五节 生育保障权的属性 69
第六节 生育保障权的保护和救济机制 73

第四章 我国生育保障法律责任分担制度重构 80

第一节 生育的价值与生育保障责任 80
第二节 生育保障责任的分担 83
第三节 现行生育保障责任分担机制公平性分析 88

第四节　重构生育保障法律责任分担机制 …………………………… 93

第五章　生育歧视公益诉讼制度的构建 …………………………… 98

　　第一节　生育歧视公益诉讼概述 …………………………………… 98

　　第二节　生育歧视公益诉讼制度的理论基础 ……………………… 104

　　第三节　构建生育歧视公益诉讼制度的现实基础 ………………… 108

　　第四节　构建生育歧视公益诉讼制度的路径 ……………………… 112

第六章　构建我国生育保障法律制度的实现路径 ………………… 121

　　第一节　生育保障法律制度的补充和改进 ………………………… 122

　　第二节　生育保障法律制度之间的衔接配合 ……………………… 127

　　第三节　生育保障法律体系化 ……………………………………… 129

　　第四节　传统部门法的"生育友好化" …………………………… 132

参考文献 …………………………………………………………………… 138

导 论

一、研究背景与意义

（一）研究背景

当前，我国正处于从人口大国向人力资本强国转变的重大战略机遇期，深度老龄化、生育更替缓慢、性别比例失调、劳动力断层、医疗和养老保障难以为继等问题接踵而至。面对严峻的人口形势，党的十九大报告中提出要重视生育政策与生育发展状况的配套衔接问题，促进经济社会及人口均衡协调发展的良好局面。为贯彻落实党中央任务部署，2021年国家正式出台"三孩"政策，并要求跟进相关配套措施，减轻家庭的生育、养育、教育成本，优化生育政策，建立健全促进家庭发展的政策体系，不断增强家庭发展能力，稳定和提升生育意愿，努力构建生育友好型社会。完善生育保障法律制度便是至关重要的一环。由于我国长期采取节制型计划生育政策，生育保障法律制度很难与当下鼓励型生育政策完美适配，在实践中逐渐显现出问题与缺陷，掣肘了"三孩"政策的推行。例如，女性既是生育行为的主要承担者，又是劳动力的重要组成部分。在当前的生育保障法律制度框架下，生育保障责任分担畸轻畸重，女性承担了过重的生育职责，加重了用人单位的生育歧视，而生育歧视普遍存在导致女性经济收入及职场地位劣势，职业发展空间受限则会抑制女性生育意愿。长此以往，会形成个人、社会、国家"多输"的恶性循环。完善的生育保障法律制度不仅关系着多重人口危机的化解，也是实现女性生存发展权和社会性别主流化的重要途径，是促进性别平等、保障公民基本权利和家庭根本利益的前提与基础。

本文在我国生育政策改革背景下，以"三孩"政策的进一步推进为契机，厘清我国生育保障发展历史与现状，检视生育保障法律制度存在的问题，尝试构建和完善新形势下生育保障法律制度，具有重要的理论和现实意义。

（二）研究意义

1.研究的理论意义

（1）有助于拓宽生育保障的学术研究视野。

本书将在"三孩"政策背景下，以我国生育保障法律制度构建作为研究对象来形成论文。从新中国成立以来生育保障实践的发展历程归纳出生育保障演变路径。总结出在"三孩"时代背景下，生育保障法律制度面临生育保障利益诉求多元化及权利化、生育保障责任分担制度有违公平原则、生育歧视司法救济制度供给不足等一系列问题与挑战。基于此，要着力建立健全完善的生育保障法治体系：在生育保障利益权利化需求基础上构建生育保障权，丰富生育保障权的内涵，满足权利人多元化的生育保障利益诉求；建立科学合理的生育保障责任分配制度，国家、雇主和家庭都应当承担应有的生育保障责任；尝试构建生育歧视公益诉讼制度，以弥补生育歧视司法救济制度供给不足的困境。

本书的第一章从宏观层面分析了生育保障法律制度体系构建的原理及路径，生育保障问题，也是经济学、管理学等社会学科重点关注和研究的对象，从社会法的视域研究生育保障问题，必须先完成生育保障事实到事理，从事理到法理的法学转化，明确生育保障法学创新的逻辑起点，并归纳生育保障法学创新的主要模式。从生育保障法律制度的健全和完善为起点，在此基础上做好生育保障法律制度之间的衔接和配合，达致生育保障法律体系的健全和完善。依据此路径，在完成生育保障法律制度的补充、改进生育保障法律制度的衔接和配合，再到生育保障法律体系的健全和完善后，还需要推进传统部门法的完善，实现"生育友好化"的立法转变。

本书的分析对象不局限于现有的生育保障具体法律制度本身的不足之处及制度改进建议，而是在此基础上，进一步分析了生育保障法律制度之间的衔接与配合问题以及生育保障法律体系的健全和完善。从具体制度本身到制度与制度之间的衔接配合再到法律体系的构建，研究视域层层分明，逐级递进，拓展了生育保障的学术研究视野。

（2）有助于弥补现有生育保障法律制度相关研究中的不足。

生育保障法律制度的构建必须要明确其逻辑起点——生育保障权。生育保障权是生育保障的权利表达，现有的人身权和财产权均无法对其进行解释，必须采用"革命"的方式明确该权利，此为生育保障权构建的必要性。生育保障权符合权利生成的基本条件，基本权利所包含的要素均具备：具有主体直接追求的生育保障利益，具备主体资格要素；生育保障的价值和意义已被社会广泛认可和积极实践，具备正当性基础。权利内容包含行为自由的要素，家庭（个人）、雇主、国家等均须承担生育保障义务，具备义务承担者要素，可被法律确认和保护，具有司法上的可诉性。生育保障权的上述特征使得该权利具有构建的可能性，而生育保障权的权利主体、义务主体、权义客体、权利内容均对应着丰富的内涵，构成了生育保障权的规范性要素。

本书第三章较为全面地分析了生育保障权性质、内涵、规范性要素、权利属性、保护和救济机制。这部分内容是对生育保障法的权利基石——生育保障权的重大理论创新。现有的生育保障权利的理论研究极其贫乏，而本文的生育保障权的研究可以弥补现有研究的不足，拓展生育保障权利研究的理论视域。除了生育保障权的重大理论创新外，第五章尝试构建生育歧视公益诉讼制度，这也是本文重要的观点创新之处。人民检察院和妇女联合应在满足相应条件的基础上成为公益诉讼案件的原告，确立对生育歧视公益诉讼原告的法律援助制度，可以为解决女性群体平等就业权所面临的司法救济困境问题上提供参考。

2. 研究的现实意义

生育保障法律制度的构建和完善研究，可为积极落实党和政府各项文件中关于人口问题、生育政策的重要论述提供有价值的参考。

人口问题是国之大者。当前，我国正处于从人口大国向人力资本强国转变的重大战略机遇期，深度老龄化、生育更替缓慢、性别比例失调、劳动力断层、医疗和养老保障难以为继等问题接踵而至。面对严峻的人口形势，党的十九大报告中提出要重视生育政策与生育发展状况的配套衔接问题，促进经济社会及人口均衡协调发展的良好局面。为贯彻落实党中央任务部署，2021年国家正式出台"三孩"政策，并要求跟进相关配套措施，减轻家庭的生育、养育、教育成本，优化生育政策，建立健全促进家庭发展的政策体系，不断增强家庭发展能力，稳定和提升生育意愿，努力构建生育友好型社会。完善生育保障法律制度便是至关重要的一环。由于我国长期采取节制型计划生育政策，生育保障法律制度很难与当下鼓励型生育政策完美适配，在实践中逐渐显现出问题与缺陷，掣肘了"三孩"政策的推行。

本书在我国生育政策改革背景下，以"三孩"政策的进一步推进为契机，厘清我国生育保障发展历史与现状，检视生育保障法律制度存在的问题，对构建和完善新形势下生育保障法律制度，具有重要的现实意义。

明确国家、雇主和家庭（个人）在生育保障责任分担中的职责，建议检察院和妇女组织作为公益诉讼的原告，制定对生育歧视公益诉讼原告的法律援助制度等对策建议，可为国家和政府在生育保障法律制度具体设计和安排上提供借鉴和参考。人口再生产是社会生产的必要前提，为社会经济发展做出了巨大贡献，为社会提供了充足劳动力，满足了家庭情感需求和家族延续的需要，政府、雇主和家庭（个人）需要共担生育保障责任。现行生育保障责任分担机制有违公平原则，如国家的生育保障成本向用人单位和女职工转嫁；雇主对生育保障成本的分担低于社会责任要求；家庭内部生育保障责任畸轻畸重等。面对以上这些问题，我国有必要重构生育保障法律责任分担机制：国家要承担生育保障法律责任制度重构与监督执行责任；雇主应建立平衡工作—家庭的支持体系，严格落实法律赋予的生育保障责任；对于家庭内部而言，需要男女平等共担生育保障职责。

若无司法保障，生育保障权将难以实现，生育保障权益的司法保障在实践中以生育歧视诉讼较为常见，故本文以生育歧视公益诉讼为例，提出构建和完善生育公益诉讼制度的路径：其一，确定受案范围，充分保护求职女性和在职女性的平等就业权；其二，选定原告，可将我国检察机关和具有相关资质的社会组织，如妇女联合会作为原告来启动程序；其三，确定管辖法院，由就业性别歧视行为发生地或被告住所地、分支机构、代表机构等所在地的中级人民法院审理；其四，分配举证责任，不同的原告承担不同的举证责任；其五，分担诉讼费用，采取费用减免和分散相结合的方式；其六，确立对生育歧视公益诉讼原告的法律援助制度。上述制度的构建和完善可在解决女性群体平等就业权所面临的司法救济困境问题上提供有价值的参考。

二、国内外研究综述

在中国知网输入关键词"生育保障"，搜索结果显示相关文献五百余篇，在结果中搜索"生育保险"词条，显示研究成果约有二百余篇。可见，生育保险制度作为生育保障制度的重要组成部分，研究成果占比很高。从发表年度来看，从2015年至今，有关生育保障文献的发表数量呈现出逐年增长的发展趋势，迄今为止，2021年的文献发表数量最高。研究文献的学科分布排名前十位的分别为：人口学与计划生育、保险、人才学与劳动科学、行政法与地方法制、社会学及统计学、投资、政党及群众组织、中国政治与国际政治、中国文学、宏观经济管理与可持续发展。

（一）国内研究综述

国内学者对生育保障法律制度的研究文献较多，内容较分散，笔者尝试对这些研究文献进行归纳，依据生育保障法律制度的研究视角和研究对象的不同，可将生育保障法律制度分为狭义的生育保障法律制度和广义的生育保障法律制度，学界对二者的外延基本达成了共识：狭义的生育保障法律制度即生育保险制度；广义的生育保障法律制度是由国家通过立法，在怀孕和分娩的女职工暂时中断劳动时，国家和社会为其提供医疗服务、产假、生育津贴、必要的经济补助、医疗保健的一种社会保障制度。❶ 由于生育保险法律制度属于生育保障法律制度的有机组成部分，故本部分以广义的生育保障法律制度研究为对象进行综述。学者们更加关注生育保障法律制度的具体内容以及存在问题、原因和对策分析。笔者将其归纳为生育保障之经济保障、健康保障、就业保障和公共服务保障四个方面：

（1）生育保障法律制度之经济保障方面的研究主要体现在以下两个方面：

一方面着眼于政府应当承担发放生育津贴、幼儿津贴等经济责任的研究。代表性观点如下：部分学者倾向于建立针对特定群体的"补缺型"经济补偿机制，如许光❷、何文炯❸、吴义根❹、陈秀红❺等人。另有学者认为应当建立福利覆盖群体更广的"普惠型"经济补偿机制。如段美枝❻、张兴月❼、唐钧❽都主张政府发放生育津贴、幼儿津贴、政府应该分担部分经济成本。与之相反的是张广宇、顾宝昌则认为育儿奖励作用有限且增加了财政压力，应谨慎施行。❾ 吴鹏飞、刘金晶认为，

---

❶ 李佳黛.低生育水平下的我国生育保障制度改革研究[J].现代经济信息,2016(7):74.
❷ 许光.低生育水平下城市青年生育意愿的经济约束与政策突破[J].中国青年研究,2011(5):77-81.
❸ 何文炯,杨一心,王璐莎,等.中国生育保障制度改革研究[J].浙江大学学报(人文社会科学版),2014(4):5-18.
❹ 吴义根,杨华磊.节欲、推迟养老与生育补贴——生育力量释放的对策[J].西北人口,2018(1):65-69.
❺ 陈秀红.影响城市女性二孩生育意愿的社会福利因素之考察[J].妇女研究论丛,2017(1):30-39.
❻ 段美枝."全面二孩"政策目标下生育保障制度改革研究[J].卫生经济研究,2018(4):20-22.
❼ 张兴月.鼓励按政策生育二孩的配套政策体系思考[J].西北人口,2018(5):76-81.
❽ 唐钧.生育保障是全民族的大事[J].中国社会保障,2010(8):27.
❾ 张广宇,顾宝昌.用津贴能促进生育吗？澳大利亚实施鼓励生育政策始末记[J].人口与发展,2018(6):63-71.

适度拓宽我国儿童津贴制度受益主体年龄。❶ 冉昊认为"养育津贴"制度相比"父母津贴"更能推动总生育率逐渐攀升,使低生育状况有了实质性改善。❷

另一方面学者研究集中于生育保险内容的修改和完善。生育保障存在的问题主要在于生育保险制度本身不公平,区域差异较大,用人单位责任过重,需要强化制度公平性和提高覆盖范围,政府承担相应责任。代表性观点如下:各地的生育保险缴纳比例不同,给付项目在实际操作的过程中也存在差异,需要改进生育医疗费的支付方式,改变生育保险仅能由用人单位缴纳的规定。❸ 目前的生育保障制度具有强烈的职工福利性质,非女职工如女性个体工商户、配偶也未就业的女性以及农村妇女等均不在生育保险的覆盖范围内,应注重提高生育保障制度的社会化水平。❹ 当前生育保险仅由用人单位缴纳,资金来源单一,统筹级别较低、异地生育保险统筹难,故而完善生育保险制度十分必要。❺ 完善生育保障制度不仅要打破职业限制,还需要打破城乡差异,平等地保障妇女的生育权。❻ 有学者认为,在我国生育保险演变的过程当中,需要制定全国范围内的生育保险法律,逐步提高生育保险统筹地区等级;政府也应当承担起落实和监管生育保险实施的责任;加大政府的财政投入,减轻用人单位的负担;生育保障制度的完善需要政府承担起相应的责任。❼ 完善生育保险制度时应兼顾保护妇女的生育权和劳动权。❽

(2)生育保障法律制度之健康保障方面的研究,主要集中于应该合理设置产假的时长和增设陪产假,代表性观点如下:

①产假方面的研究。主要观点是现行产假制度需要完善,产假时长应进行科学设置。自2012年国务院修改《女职工劳动保护特别规定》将女职工产假从90天延长至98天后,学界一直存在关于是否需要延长产假的讨论。在"全面二孩"政策实施后,关于是否需要延长妇女产假、生育一孩和二孩的产假时间如何确定

---

❶ 吴鹏飞,刘金晶.适度普惠型福利模式下我国儿童津贴制度之构建[J].社会保障研究,2016(2):91-96.
❷ 冉昊.德国"二孩"政策配套问题[J].中国人大,2018(19):50-53.
❸ 冯祥武.生育保险受益者待遇及其优化策略[J].重庆社会科学,2011,10:60-68.
❹ 蒋莱.当前生育保障体系中的矛盾关系与对策探究[J].中华女子学院学报,2012(5):49-54.
❺ 张永英,李线玲.新形势下进一步改革完善生育保险制度探讨[J].妇女研究论丛,2015(6):41-46.
❻ 黄桂霞.中国生育保障水平的现状及影响因素分析——基于第三期中国妇女社会地位调查的实证研究[J].妇女研究论丛,2015(5):103-111.
❼ 覃成菊,张一名.我国生育保险制度的演变与政府责任[J].中国软科学,2011(8):27-30.
❽ 盛亦男.生育政策调整对女性就业质量的影响[J].人口与经济,2019(3):62-76.

等问题又再次引起了讨论。黄镇认为,产假制度已不能适应新的生育政策,[1]张海英提出产假应当尽量延长。[2] 在是否需要延长二胎的产假时间的问题上,郭艳提出"全面二孩"政策下的产假的调整应有一定的限度;[3] 有学者认为,生育女性可以选择带薪产假或者不带薪产假,改变由企业全部承担生育成本的现状;[4] 段思平提出,生育二孩时也应有享受晚育奖励产假的资格。[5]

②陪产假方面的研究。主要观点是陪产假设置的必要性以及时长的科学设置。[6] 郑玉敏认为,陪产假制度可以淡化传统的社会性别分工,在一定程度上降低妇女的生育成本,缓解就业歧视问题,进一步实现男女平等。[7] 许安琪、张亮认为应增设紧急情况时照顾未成年子女照顾假。[8] 唐芳认为确定陪产假的假期时间长度时,应综合考虑个人利益和企业利益,2~3个星期的带薪陪产假符合我国经济社会发展的需要;对于一些职工确实无法离岗休假的单位和特殊岗位,单位应给予一定的经济补偿。[9][10] 李西霞认为我国应建立新生儿父亲陪护假和父母育儿假等配套制度。[11]

(3) 生育保障法律制度之就业保障方面的研究主要观点是女性的就业权益应当得到保障,社会各界均应承担相应的责任。潘云华、刘盼认为应当转移企业承担的生育成本、实施家庭津贴制度、规范和发展家政服务市场。[12] 张霞、茹雪认为应当从国家法律法规、社会救济机制、企业社会责任等方面保障职业女性的就业权益,避免让职业女性独自承担生育成本,消除职业女性的后顾之忧。[13] 宋健、

---

[1] 黄镇. 从产假到家庭生育假——生育政策配套衔接的制度逻辑与改革路径 [J]. 云南社会科学, 2018(4):120-125.
[2] 张海英. 产假延长时间不能过于悬殊 [N]. 法制日报, 2016-01-19.
[3] 郭艳. 二孩产假该不该延长 [N]. 山西日报, 2015-12-03.
[4] 郝君富, 郭锐欣. 生育保障制度的国际改革趋势与启示 [J]. 兰州学刊, 2019(6):136-150.
[5] 段思平. 配套"全面二孩"不止需要延长产假 [N]. 长沙晚报, 2015-11-18.
[6] 姜菁. "奶爸"之议 [J]. OCCUPATION, 2009(8):71.
[7] 郑玉敏. 家庭责任分担立法与中国女性平等工作权的实现 [J]. 法学杂志, 2010(5):55-58.
[8] 徐安琪, 张亮. 父亲假:国际经验的启示和借鉴 [J]. 当代青年研究, 2009(3):12-16.
[9] 唐芳. 从奖励到权利——生育护理假的正当性论证 [J]. 中华女子学院学报, 2012(2):28-32.
[10] 张海峰. 全面二孩政策下中国儿童照料可及性研究——国际经验借鉴 [J]. 人口与经济, 2018(3):13-24.
[11] 李西霞. 生育产假制度发展的国外经验及其启示意义 [J]. 北京联合大学学报(人文社会科学版), 2016(1):100-106.
[12] 潘云华, 刘盼. 二孩生育与城市妇女就业的"互相关"——一个经济学分析视角 [J]. 理论导刊, 2017(3):80-82.
[13] 张霞, 茹雪. 中国职业女性生育困境原因探究——以"全面二孩"政策为背景 [J]. 贵州社会科学, 2016(9):150-154.

周宇香推行产假期间弹性工作制以疏解生育压力。❶黄桂霞认为建立支持妇女就业的工作与家庭平衡机制，以降低女性因生育而中断职业的可能性。❷覃成菊提出的对策为改变用人单位负担的传统模式。❸郑玉敏认为男女应该共同分担家庭责任，减轻女性的生育成本，弱化生理性别带来的就业歧视。❹张海峰通过分析认为应加强劳动力市场管制。

（4）生育保障法律制度之公共服务保障方面的研究主要集中于缓解儿童照料压力方面的举措。杨菊华指出我国三岁以下婴幼儿托育服务供给和需求之间的矛盾。❺孟广宇认为，政府应该主动承担起0～3岁托幼服务的职责，进一步明确职责。❻吴苏贵、钱洁等强调从公共服务属性出发，有效建立监管体系、标准体系、人才体系和多元化、多层次发展的大格局，有效缓解"入托难"的问题。❼钟晓慧、郭巍青等认为应建立以儿童照顾为重心的支持性的家庭政策。❽吕利丹认为建立市场化的照料服务体系是降低女性照料压力的改革方向。❾杨雪燕、高琛卓等提出了针对中国构建0～3岁婴幼儿托育服务体系的政策建议。❿和建花认为政府应继续承担发展托幼服务责任，推进学前教育立法，适度扩大3岁以下托幼服务。⓫刘中一提出我国要解决0～3岁婴幼儿托育难题，转变单纯发展机构式托育的思路，大力发展具有我国特色的家庭式托育。⓬

---

❶ 宋健,周宇香.全面两孩政策执行中生育成本的分担——基于国家、家庭和用人单位三方视角[J].中国人民大学学报,2016(6):107-117.
❷ 黄桂霞.中国生育保障水平的现状及影响因素分析——基于第三期中国妇女社会地位调查的实证研究[J].妇女研究论丛,2015(5):103-111.
❸ 覃成菊,张一名.我国生育保险制度的演变与政府责任[J].中国软科学,2011(8):14-20.
❹ 郑玉敏.男人"休产假"与性别平等[J].中华女子学院学报,2009(6):23-26.
❺ 杨菊华.理论基础、现实依据与改革思路:中国3岁以下婴幼儿托育服务发展研究[J].社会科学,2018(9):89-100.
❻ 孟广宇.生育政策调整背景下0～3岁儿童托育公共服务研究[J].黑龙江社会科学,2018(5):98-103.
❼ 吴苏贵,钱洁,李显波,等.进一步完善上海0～3岁婴幼儿托育服务体系[J].科学发展,2018(3):49-53.
❽ 钟晓慧,郭巍青.人口政策议题转换:从养育看生育——"全面二孩"下中产家庭的隔代抚养与儿童照顾[J].探索与争鸣,2017(7):81-87.
❾ 吕利丹.新世纪以来家庭照料对女性劳动参与影响的研究综述[J].妇女研究论丛,2016(6):109-117.
❿ 杨雪燕,高琛卓,井文.典型福利类型下0～3岁婴幼儿托育服务的国际比较与借鉴[J].人口与经济,2019(2):1-16.
⓫ 和建花.部分发达国家0～3岁托幼公共服务经验及启示[J].中华女子学院学报,2018(5):109-116.
⓬ 刘中一.家庭式托育的国际经验及其启示[J].人口与社会,2017(3):90-95.

(二)国外研究综述

(1)生育保障法律制度之经济保障方面的研究主要集中于经济补偿方面。Greulich 和 Thevenon 发现包括现金奖励、产假和税务减免等家庭福利政策大体而言对生育率变化有积极的作用,其中发放现金奖励和为家庭提供幼儿看护费用补贴的作用要比产假或其他福利措施更重要一些。❶Bjorklund 发现瑞典家庭政策的延长,为有子女的家庭提供财务和实物支持,有效提高了生育水平,缩短了生育间隔。❷LuciA. 和 Thevenon O.(2011)发现产假补贴对生育水平产生较为明显的正向影响。❸Billingsley 和 Ferrarini(2014)认为,"单薪家庭"政策与"双薪家庭"政策均对生育有影响,前者侧重于提供照顾子女的津贴,后者鼓励男性与女性都休育儿假,共同照顾婴儿。❹

(2)生育保障法律制度之健康保障方面的研究主要集中于生育假期方面。Moss 指出,瑞典等北欧国家政策的定位是支持双职工家庭,德国等国家倾向于支持传统的性别分工,父亲们基本得不到津贴,美国则属于市场定位的家庭政策,对双职工家庭和传统性别分工都没有起到支持作用。❺Kamerman 认为缺乏父母假将导致传统性别角色分工的不平等加剧,影响女性公平就业。❻

(3)生育保障法律制度之就业保障方面的研究主要集中于女性就业权益保障方面。Raum 证明了生育保险及其相关待遇更重要的是通过生育期间连续的人力资本积累,尤其是回到原职的连续工作来提高女性在劳动力市场中的表现。❼Marit 和 Marianne 重点关注育儿假和儿童保育计划对全职和兼职工作过渡的影响,发现有权享受带薪休假的妇女,在分娩后的三年内,就业率高于无法从中受益的妇女。❽

---

❶ Greulich Angela , Thevenon O.The impact of family policies on fertility trends in developed countries[J].European Journal of Population,2011,4:387-416.
❷ Bjorklund A.Does family policy affect fertility? Lessons from Sweden[J].Journal Of Population Economics,2006,19:3-24.
❸ Luci A, Thevenon O.The Impact of Family Policy Packages on Fertility Trends of OECD Countries[C].Washington:Population American Association,2011.
❹ Billingsley S, Ferrarini T.Family policy and fertility intentions in 21 European countries.in Journal of Marriage and Family 2014,76(2):428-445.
❺ Moss P.Leave Policies and research:Overviews and country notes[J].2005,3:187-196.
❻ Kamerman G.The politics of parental leave policies Children,parenting,gender and the labour market[M].Bristol Policy Press,2009.
❼ Raum J.The economic Consequences of Parental Mandates Lessons from Europe[J].The Quarterly Journal of Econornics,1998,1:295-317.
❽ Marit R , Marianne S.Family Policy and After-Birth Employment Among New Mothers-A Comparisonof Finland, Norway and Sweden[J].European Journal of Population,2002,4:18.

（4）生育保障法律制度之公共服务保障方面的研究主要集中于儿童照顾方面。Baizan认为增加儿童照料服务的覆盖面对提高生育是有效的。❶Rauch发现，德国、意大利等欧陆国家作为保守社团主义福利类型的国家，社会福利政策强调家庭自我支持的能力，公共托育与市场托育等家庭服务发展不充分，众多幼儿难以获得托育机会。❷Daniela则认为如果政府对所有年龄段孩子的儿童照料设施进行投资，原则上可以增加生育率和女性就业率。❸

（三）研究述评

综上所述，可以发现国内外学者对生育保障制度的研究已经积累了较多成果，对本研究进一步完善以及"三孩"政策为导向的生育保障法律制度构建提供了丰富的经验和有价值的参考。

（1）从研究内容看，目前学界对生育保障制度的研究主要从生育假期制度、生育津贴、生育保险、儿童照护等法律制度的修改和完善角度展开，着眼于微观层面法律制度，缺乏系统性和整体性，缺少对生育保障法律制度的中观层面的衔接配合以及宏观层面生育保障立法体系的研究，研究维度比较单一，难以全面客观地反映我国生育保障法律制度的现状和困境。

（2）从研究方法来看，国内学者主要采用量性研究和比较研究，缺少微观层面的质性研究，难以从现实层面反映生育保障对象——家庭（个人）的实际需求，提出的对策偏向理论性而非操作性。国外关于生育保障制度的研究方向集中于西方国家，与我国的本土国情具有明显差异，国外的成功经验能够为完善我国生育保障制度提供一定的借鉴意义，前提是立足于我国家庭（个人）在生育保障法律制度建设方面的客观需求，提高对策建议的可操作性。

（3）在"三孩"政策背景下，立足于新中国成立以来我国生育保障的发展与实践，总结我国生育保障法律制度面临的挑战，以法治为保障，着力建立健全完善的生育保障法治体系。不局限于现有的生育保障具体法律制度本身的不足之处及制度改进建议，而是在此基础上，进一步分析生育保障法律制度之间的衔接与配合问题以及生育保障法律体系的健全和完善。从微观层面上生育保障法律具体

---

❶ Baizan P.Regional child care availability and fertility decisions in Spain[J].Demographic Research,2009,27:803-842.

❷ Rauch D.Is there really a scandinavian social service model?A comparison of childcare and elderlycare in six European Countries[J].Acta Sociologica,2007,3:249-269.

❸ Daniela D.The effect of child care and part time opportunities on participation and fertility decisions in Italy[J].Journal of Population Economics,2002,3:49-573.

制度的完善到中观层面的法律制度之间的衔接与配合再到宏观层面的生育保障法律体系的构建，逐级递进，逐层展开，为构建我国生育保障法律制度提供借鉴和参考。

三、研究方法与基本思路

（一）研究方法

本课题拟采用文献研究、比较研究、规范分析等方法开展。

第一，运用文献研究法，阅读有关书籍、论文等文献资料，对所要研究的问题有更为全面、正确的掌握。查阅、整理第一手生育保障法律制度的立法资料；对生育保障实践发展情况如生育保险的参保人数、生育保险基金的结余率等数据资料进行鉴别后再选用。第一步，整理与生育保障制度有关的文献，将文献按照一定的标准进行分类，然后进行分类阅读；第二步，梳理我国生育保障制度的立法文件，将有用信息进行摘录；第三步，根据阅读的材料列出大纲，将所摘录材料分条组织整合；第四步，参考专家学者已有的研究成果、学术作品对生育保障法律制度、生育保障立法体系等关键词进行理论分析。

第二，运用比较研究法，收集各省市关于生育保障制度的规定，按照对生育保障制度的立法现状进行研究。第一步，分析地方性法规中与生育假期、生育福利、生育补助有关的规定，结合上位法规定探讨生育保障制度的具体内容；第二步，运用图表等数据分析生育保障制度在地方性法规中存在的差异；第三步，系统地提出生育保障制度立法层面的不足，结合生育保障制度的实施现状，针对现存的问题，提出完善生育保障制度的立法建议。

第三，运用规范分析的方法对我国的生育保障制度的现状和问题进行分析。第一步，综合分析我国的生育保障制度是否能够有效维护公民的生育权益，是否能促进生育政策的落实；第二步，针对生育保障法律制度、立法体系存在的问题，提出相应的完善建议，着力构建科学合理的生育保障法律制度，以实现对公民生育保障权的保障。

（二）基本思路

本文分为六章展开论述，第一章是生育保障法律制度的法理基础，提出健全和完善生育保障法律制度的路径，要从法律制度到立法体系完成生育保障法律体系的构建，其环节要遵从理论生成到法学转化的方式，明晰生育保障法学创新的逻辑起点，从法理上探究生育保障法学创新的主要模式，即具化、改良、革命和整合。依据此路径，从生育保障法律制度之间的衔接配合到生育保障制度的体系化研究，进而上升到生育保障"法律系统"的体系化，从法律制度的补充和改进到相关制度的衔接与配合，再到立法体系的健全和完善，最后推进传统部分法的完善，实现"生育友好化"的立法转变。

第二章是分析中华人民共和国成立以来我国生育保障制度的发展历程。从生育保障实践总结出生育保障法律制度的演变路径：制度架构从多元分割到逐步整合，保障体系从分层到统一，保障对象从城镇职工到全民普惠，保障责任从个人缺位到多方负担，保障水平逐渐提高。在"三孩"时代背景下，生育保障发展面临生育保障利益诉求多元化及权利化、生育保障责任分担制度有违公平原则、生育歧视司法救济制度供给不足等一系列问题与挑战。基于此，要着力建立健全完善的生育保障法治体系。在生育保障利益权利化基础上构建生育保障权，丰富生育保障权的内涵，满足权利人多元化的生育保障利益诉求；建立科学合理的生育保障责任分配制度，国家、雇主和家庭都应当承担应有的生育保障责任；尝试构建生育歧视公益诉讼制度，以弥补生育歧视法律救济制度供给不足的困境。

第三章、第四章和第五章的内容是回应第二章的生育保障法律制度面临的挑战。此三章提出了对应解决之策：分别从构建生育保障权、建立科学合理的生育保障责任分担制度以及尝试构建生育歧视公益诉讼制度三方面作出详细阐述。第三章对生育保障的权利表达——生育保障权进行了详细的论证。现有的人身权和财产权均无法对其进行解释，从必要性和可能性两个维度证成生育保障权，在此基础上从实体权利和程序性权利两个方面阐述生育保障权的内涵，并对生育保障权的主体、客体、内容等进行详细解读；接下来是对生育保障权的属性进行界定，生育保障权是国际法上的基本人权、宪法上的公民基本权利、普通法上的现实法律权利；最后，从生育保障权利人诉讼和生育保障检察公益诉讼阐述生育保障权的保护和救济机制。

第四章讲述了建立科学合理的生育保障责任分担制度的建议。生育的价值和意义以及政府、雇主和家庭需要共担生育保障责任。现行生育保障责任分担机制有违公平原则，政府的生育保障成本向用人单位和女职工转嫁。雇主对生育保障成本的分担低于社会责任要求，家庭内部生育保障责任畸轻畸重。有必要重构生育保障法律责任分担机制：国家要承担生育保障法律责任制度重构与监督执行责任，雇主应建立平衡工作—家庭的支持体系，严格落实法律赋予的生育保障责任，对于家庭内部而言，需要男女平等共担生育保障职责。

第五章以女职工生育歧视公益诉讼为例阐述了生育保障的司法保障存在的问题，提出构建女职工生育歧视公益诉讼制度。现行诉讼制度在消除女职工生育歧视方面存在的不足以及公益诉讼在消除女职工生育歧视方面的优势构成了生育保障公益诉讼的现实基础，建议从明确受案范围、选定检察机关或妇女组织在满足条件的情况下作为公益诉讼原告，科学确定管辖法院，合理分配举证责任及分担诉讼费用等方面提出构建生育保障公益诉讼制度的具体建议。

第六章回归立法层面，检视与反思我国现行生育保障立法是否能够满足生育保障事业改革和发展的需要。微观层面的生育保障法律制度应进行修改和完善，致力于提供从产前到产后的全过程保障，明确政府、企业、家庭生育保障法律责任；中观层面应加强生育保障法律制度之间的衔接配合，如经济、健康、就业、公共服务保障制度之间的衔接与配合，生育保障民事、行政、刑事法律责任制度之间的衔接与配合以及生育保险、生育福利、生育救助法律制度之间的衔接与配合。在此基础上推进生育保障法律体系化，确定人口与计划生育法作为生育保障领域的龙头法，推进生育保障主干法、地方法和配套法的建设，传统部门法，如宪法、行政法、经济法、诉讼法的"生育友好化"。以期构建"生育友好型"生育保障法律制度体系，为我国生育保障事业的发展和改革提供参考。

四、本文的创新点及不足

本文可能的创新之处体现在以下三处：

（1）构建生育保障权，并对其进行证成。生育保障法律制度的构建必须要明确其逻辑起点，有必要构建生育保障法律制度的逻辑起点——生育保障权。目前学术研究中，极少有学者提出生育保障权的概念，提出该概念的学者也是将生育保障权解读为"生育权保障"。生育保障权是生育保障的权利表达，现有的人身权和财产权均无法对其进行解释，必须采用"革命"的方式明确该权利，此为生育保障权构建的必要性。生育保障权符合权利生成的基本条件，基本权利所包含的要素均具备：具有主体直接追求的生育保障利益，具备主体资格要素；生育保障的价值和意义已被社会广泛认可和积极实践，具备正当性基础。权利内容包含行为自由的要素，个人、组织、国家等均须承担生育保障义务，具备义务承担者要素；可被法律确认和保护，具有司法上的可诉性。生育保障权的上述特征使得该权利具有构建的可能性，而生育保障权的权利主体、义务主体、权义客体、权利内容均对应着丰富的内涵，构成了生育保障权的规范性要素。本文第三章较为全面地分析了生育保障权性质、内涵、规范性要素、权利属性、保护和救济机制。这部分内容是对生育保障法的权利基石——生育保障权的重大理论创新。现有的生育保障权利的理论研究极其贫乏，而本文的生育保障权的研究可以弥补现有研究的不足，拓展生育保障权利研究的理论视域。

（2）拓展了生育保障法律制度的研究视野。已有的研究多专注于微观层面法律制度的补充和改进，对法律制度的衔接和配合、立法体系的健全和完善以及生育保障法是否应当法典化的研究非常少。本文第一章的内容，基于生育保障法学创新的主要模式，通过具化、改良、革命和整合的原理，提出生育保障法律制度的补充和改进、法律制度之间的衔接和配合、立法体系的健全和完善具体建议。研究视域由微观、中观再到宏观，层层分明，逐级递进，拓展了生育保障法律制度的学术研究视野。

（3）本文第五章尝试构建女职工生育歧视公益诉讼制度，是重要的观点创新之处。人民检察院和妇女联合会在满足相应条件的基础上可以成为公益诉讼案件的原告，确立对生育歧视公益诉讼原告的法律援助制度，可为解决女性群体平等就业权所面临的司法救济困境问题上提供参考。

当然，本文也存在许多不足之处：本文生育保障法律制度的构建，选取的研究视角较为宏观；在写作的过程中由于学术水平不足，能力有限，语言表述乏力，理论深度不足；同时对微观层面的生育保障实践的阐述也不够深入，还需要在以后的研究中继续探索。

第一章 生育保障的法理基础

改革开放四十多年来,经过几代学人孜孜不倦的努力,我国的社会法学已经枝繁叶茂、硕果累累,取得了令人瞩目的成就。然而,反躬自省,实事求是地说,主体性、本土性、内生性和原创性的研究尚显不足。对此,生育保障法面临着从外来输入型到内生成长型的转变,这种转变的前提是生育保障法基础理论必须建立在中国生育保障的发展道路、生育保障建设的相关理论、生育保障法的体系逻辑之上。这是因为,生育保障的发展既要借鉴和吸收先进的科学理论,又建基于中国本土蓬勃发展的具体实践,具有高瞻远瞩的站位和极其丰富的内涵,必将对我国生育保障法乃至生育保障法治的发展产生广泛而深远的影响。

然而,从科学原理到法律制度、从政策文件到法律文本、从客观事实到法律规范皆不是自然生成的,都需要有法学理论作为指导。只有打破学科之间的藩篱和壁垒,融合社会法学和法学内部其他学科、社会科学,如社会学、管理学、经济学等不同学科的知识,才能因循时事的发展,形成关于生育保障的法学理论,为社会保障法学以及社会保障法治的发展做出贡献。因此,应当尽快形成法学视野下的生育保障观,并注意从生育保障事理中抽象和提炼出生育保障的法理,早日形成结构完整、逻辑严谨的生育保障法学理论体系,再以这些生育保障法学理论为基础和依据,创制和改造生育保障的立法体系,不断推进生育保障法的升级换代和健全完善。

第一节 生育保障的法学解读

要以生育保障为理论基础,促进生育保障法的升级换代,首要的前提是,立法者或研究者必须对生育保障进行全面、深入的法学解读,这就要求社会法学界务必对生育保障的实践、知识和原理,有一个全面、深入的了解和把握,并运用法学的思维和逻辑进行汇总、梳理、转换和加工,从而形成法学视域下的生育保障。

一、理论生成：从事实到事理

生育是一个古老的概念，从不同的角度对生育可以做出不同的定义。在医学上，它是指自然人以自然规律或人工授精的方法受孕、怀胎、分娩，以及通过无性生殖的方法繁衍抚育后代。在法学上，它是指受孕、足月怀胎和分娩的全过程。❶"生育"一词通常有两种理解，一是指"妇女受孕，足月怀胎和生产的全过程"，即"生孩子"；二是指既生且育，"生"为"生孩子"，"育"则主要指对出生的孩子进行抚养教育。费孝通先生认为生殖是新生命的造成，抚育是生活的供养。将生育制度涵括为结婚、生殖和抚育，"当前的世界上，我们到处可以看见男女们互相结合成夫妇，生出孩子来，共同把孩子抚育成人"❷，其对生育制度的定义着眼于社会学角度。"生育"一词在现代汉语中有两层意思：一是指生孩子；二是指既生又育。前者指新生命的生殖，后者指新生命的生殖与抚育。❸综合上述观点，本文认为生育是人类生存和繁衍的一项基本活动，有广义和狭义之分。狭义的"生育"是指妇女受孕、足月怀胎和生产的活动与过程，从一定意义上讲就是生殖活动与过程。广义的"生育"，则包括孕前准备、怀孕过程、分娩、产后休养和抚育孩子等各环节的活动过程。本文采用的是生育的广义，即从怀孕准备到孩子抚育的整个活动过程。

生育行为兼具自然属性和社会属性。各民族的生育问题经历依然有共同点可寻，均经历了从无规范的自然生育到有规范的生育过程。在早期历史中，人类不能完全从动物的野性中脱离出来，人类的性活动表现了更多的自然属性和动物的生理本能。生育是性活动这一自然生理行为的结果，本身不具有社会性。随着社会规范的逐渐形成和社会生产力发展的现实需要，生育脱离了无规范无控制的状况，被赋予了更多的社会意义，逐渐形成了一种社会制度。自然条件的恶劣、医疗水平的低下，单个个体很难战胜自然和疾病的困扰，求生的本能促使着人们抱团聚居并且努力扩充数量壮大队伍。国家通常采取各种手段鼓励生育以保障一定的人口数量与质量。社会的发展终究会赋予生育以社会属性，会通过各种各样的方式和手段干预、调整人类的生育，使其符合特定国家和特定社会的需要。一旦国家对生育进行干预，生育就成了一项社会制度，生育就与权利、义务联系在一起了。到了近现代社会，生产方式的革新和工业现代化的推进，促使劳动力由传

---
❶ 戴维·M.沃克.牛津法律大辞典[M].李双元,等译.北京:法律出版社,2003.
❷ 费孝通.生育制度[M].北京:北京大学出版社,1998.
❸ 樊丽君.生育权性质的法理分析及夫妻生育权冲突解决原则[J].北京化工大学学报(社会科版),2005(4):7-12.

统的注重数量和体力逐步向注重智力和技术转变，社会的运转不再需要大量的人口；同时，在资源有限的前提下，过多的人口反而给社会、环境甚至家庭增加了压力，作为人类自身再生产的生育本身开始面临人类外部生存环境的条件制约，人口众多不再直接有利于甚至有损于家庭幸福、国家富强和地球和谐，人类中心主义观念受到了现实的挑战，合理、均衡、持久的发展成为共同的美好愿景；伴随着社会福利制度的完善，养儿防老的功能不再明显，生育不再仅仅为了"上继宗庙、下续子孙"，而是开始成为人们追求个人人生经历的可选议程，权利意识的觉醒和女权运动的蓬勃发展，生育权作为一种法定的权利应运而生，其内涵不断发展变化并由大多数国家以法律加以保障。我国政府在基本人权框架下，于1992年在《中华人民共和国妇女权益保障法》中首次从法定权利的角度强调了妇女的生育权；2002年《中华人民共和国人口与计划生育法》虽然强调了公民有实行计划生育的义务，但是也全面确定和保障了公民的生育权及相关权利，这也是对我国承担的国际义务的履行。适度人口的生育生态，是我国人口政策的伦理价值旨归之所在，它的实质在于引导和规范人们自觉地进行生育控制，实现优生优育。因此，它涉及我国的生育政策和生育保障实践如何诠释、遵循和维护生育人权、生育保障和人之自由的伦理诉求，并有机地协调三者之间的关系，达到人口数量控制和人口质量提高之间的良性循环。

中华人民共和国成立后，计划生育政策的提出以及对生育行为进行有关经济、健康、医疗服务等保障的实践至今不过七十余年历史，包括社会学、管理学、经济学和法学等学科在内的学术界对其研究还不够全面和深入，大多停留在对有关生育政策文件、领导讲话和现行生育保险制度、生育津贴制度等浅层注释，可以说，在整体上还没有形成较为完善、系统的生育保障理论体系。

（一）生育保障事理的提炼和归纳：从经验事实到科学理论

生育保障制度与实践跨越经济、政治、医疗、社会等十分广泛的领域，生育保障只有建基于经济学、社会学、医学、心理学、管理学等众多自然科学和社会科学的知识和原理，对有关生育保障的思想和实践进行汇总、梳理、比较、归纳、提炼乃至一定程度上独立自主的原创研究：从生育保障的事实中归纳和抽象出生育保障的事理，形成全面、系统的生育保障观。如从"构建生育友好型社会"的政策口号中，提炼出"生育保障制度的价值取向应体现出家庭友好，工作平衡；生育保障责任主体不应该畸轻畸重，应由多方主体共同分担生育保障责任"的事理；从"优生优育"的政策口号中提炼出"关注经济发展到关注女性身心健康发展、职业发展"的事理；从"控制人口数量、提高人口质量"的政策口号中提炼出"从单一控制人口数量，到与经济社会发展密切结合，实现人的全面发展转变"的事理。

党的十八届五中全会指出，按照人人参与、人人尽力、人人享有的要求，坚守底线突出重点，完善制度，引导预期，注重机会公平，保障基本民生，实现全体人民共同进入全面小康社会。顺应人民群众期盼，积极稳妥推进优化生育政策，促进生育政策协调公平，满足群众多元化的生育需求，将婚嫁、生育、养育、教育一体考虑，切实解决群众后顾之忧，释放生育潜能，促进家庭和谐幸福。以法治为保障，坚持重大改革于法有据、依法实施，将长期以来党领导人民在统筹解决人口问题方面的创新理念、改革成果、实践经验转化为法律，保障人民群众合法权益，保障新时代人口工作行稳致远，保障人口发展战略目标顺利实现。主要目标到2025年，积极生育支持政策体系基本建立，服务管理制度基本完备，优生优育服务水平明显提高，普惠托育服务体系加快建设，生育、养育、教育成本显著降低，生育水平适当提高。

从总体上看，时至今日，我国的社会法学界尚未全面形成多学科意义上的生育保障观，甚至对某些重要领域和关键环节的理论和实践也缺乏深入的了解和具体的把握。特别是"三效应理论""儿童价值理论""子女成本与效用比较理论""社会性别平等理论""分配正义理论""社会公正理论""社会连带责任理论""责任政府理论""人口再生产理论""社会保障理论"等重要理论，还有诸如生育保障和生育保险之间的联系和区别，生育保障与生育支持政策之间的联系和区别，生育保障权和社会保障权及生育权保障之间的联系及区别，生育保障措施、生育保障制度、生育保护、生育支持之间的联系和区别，还有生育保险待遇、护理假、产假、延长生育假、陪产假、育儿假、生育津贴、医疗补助、就业歧视、生育保险基金、医疗保健资源、母婴保健室、公共幼儿服务设施、公共托育机构、社会权、社会保障权、社会保险权、健康保障权、公共服务保障权、经济保障权等一系列专业化程度较高，处于生育保障制度前沿的问题和实践，看似简单，实则了解并不全面。背后的原因有很多，除了学科背景先天不足，如大部分的社会法学者本科专业为法学，没有社会学、管理学等学科背景等客观原因外，更为严重的是，研究生课程结构中社会保障法内容占比过低，学术研究理论敏感性过低，实证研究未得到充分重视等。若不及时采取有效措施，在未来较长时间内，社会法学界都将难以形成科学合理的生育保障观念。

（二）生育保障事理不清的弊端和危害：妨害法理创新、良法制定和法律实施

事理是法理的基础，事理不清，后边的法理构建乃至法律的制定和实施都可能会有问题。试举一例关于生育保险待遇的外延的界定问题：有关生育保险内容的规定主要体现在《社会保险法》第六章。其中，第五十四条第二款明确规定，生育保险待遇包括生育医疗费用和生育津贴。很多学者把产假纳入生育保险范畴。❶《社会保险法》第五十六条原文规定如下："职工有下列情形之一的，可以按照国家规定享受生育津贴：（一）女职工生育享受产假；（二）享受计划生育手术休假；（三）法律、法规规定的其他情形。"仔细阅读就会发现，并不是生育保险待遇包含产假，而是休了产假可以享受生育津贴。"休产假"是享受生育保险待遇的前提条件之一。笔者在阅读文献资料时发现，很多学者会将概念混用，如将生育保障措施、生育保护、生育支持等同视之；还有学者将生育保障等同于生育保险，这是很明显的知识谬误，根据社会保障法的相关理论可知，生育保障与生育保险二者之间是包含关系，但是这样的表述在期刊文献中司空见惯，即使在学术讨论和交流的层面，也是不应该出现的。概念的内涵和外延是研究的逻辑起点，事理不清，建立在事理基础上的法理有可能会谬以千里。社会法学界的首要任务是在知识结构上夯实经济学、管理学、社会学等方面的学科基础，明晰有关生育保障的事理。

二、法学转化：从事理到法理

法学家的使命是"用学术讲政治"，有必要将如"优化生育政策促进人口长期均衡发展"转化为法律话语、学术话语，将党和国家的政治决策转化为生育保障的法律制度、法定程序。然而，这一目标的实现是一项复杂、艰巨的系统工程，首先必须解决从生育保障事理分析走向生育保障法理分析的方法论问题，要将生育保障国家战略变成法学理论中的价值取向、研究方法、概念体系、规范体系，需要我们运用法律逻辑、法律语言、法律思维来研究社会现象或者社会事实，通过从社会事实中提炼法学理论命题，并对这些理论命题进行分析论证，从而形成

---

❶ 李庭.全面两孩背景下就业性别歧视的状况与对策分析[J].法制与社会,2019(35):133-135;李宁卉.全面二孩政策下妇女生育保障法律问题研究[J].法制与社会,2018(13):144-145.

具有法学韵味、由法学话语主导的生育保障观。学术都是相通的,这一观点与"法学研究的第三条道路:从经验到理论"❶以实现"惊心动魄的跳跃"的主张有着本质的一致性。

(一)概念的转换:从科学到法学

博登海默指出:概念是解决法律问题所必需和必不可少的工具。❷关于生育保障研究的学科差异和学术转换的问题,概念转换是最基础,也是最容易忽视的问题。譬如,将医学和社会学中生育保障中的生育概念,变换为社会保障法学中的"生育"概念,就需要将其概念延伸和扩展到怀孕、分娩到抚育整个阶段。同理,"生育保障"也存在生活概念和法学概念的区别,对于生育保障概念的界定,少部分学者把生育保障等同于生育权保障,大部分的国内学者是从社会保障法的角度对其进行定义,只是视角略有差异。生育权保障可简单理解为促进和保障生育权的实现而采取的一系列的措施和方法。这和社会法意义上的生育保障权内涵相去甚远。国内大多数学者依据保障项目的具体内容和范围来界定生育保障。

从广义上对生育保障进行界定的主要代表观点如下:有学者认为广义上的生育保障即以降低生育风险而建立的制度性社会福利系统总称,❸其代表人物为贺丹;也有学者如王小川认为广义的生育保障制度是指国家为生育者提供生育医疗保健、生育假期和经济补偿,同时包含保护妇女在生育期工作就业等一系列的生育服务政策和制度安排。❹还有学者如黄桂霞认为生育保障不仅包括医疗费用报销和生育津贴等生育保险待遇,还包括与生殖抚育相关的就业保障、孕产期间的劳动保护和产假、流产假,以及婴幼儿的托幼服务与补贴等。❺与之类似的观点有仝佳,她认为生育保障即向女职工提供的生育保险、生育期劳动权益保障、托育服务保障以及给予女职工的一系列生育福利等。❻另有学者的观点也是从广义上而言,认为生育保障是一种面向社会全体成员的生育保险,是社会保障体系中重要的一部分。❼生育保障承担为生育者提供医疗服务、生育休假和劳动中断收

---

❶ 陈瑞华.论法学研究方法[M].北京:法律出版社,2017.
❷ E.博登海默.法理学——法律哲学与法律方法[M].邓正来,译.北京:中国政法大学出版社,1999
❸ 贺丹.完善生育保险制度构建与国家人口战略相适应的生育保障体系[J].人口与健康,2020(7):6-7.
❹ 王小川.北京市"全面二孩"政策实施与生育保障研究[D].北京:北京林业大学,2020:1-2.
❺ 黄桂霞.中国生育保障70年:回顾与前瞻[J].中华女子学院学报,2020(1):20-21.
❻ 仝佳.中国民营企业女职工生育保障问题研究[D].黑龙江:黑龙江大学,2020.
❼ 董佳倩.全面开放二孩政策背景下上海生育保障措施完善研究[D].上海:上海师范大学,2020.

入补偿的功能，关乎人类生息繁衍和国家劳动力存续，因而是社会保障的一个重要项目。❶

从狭义上对生育保障进行界定的主要代表学者和观点如下：有学者认为生育保障制度是社会保障制度的一个方面，狭义上包括生育保险、生育福利和生育救助三方面，区别于生育保护和生育支持。❷有的学者从狭义角度上认为生育保障主要指的是生育保险，即通常以社会保险中的方式来作出相应的生育制度安排，❸其代表人物为郑功成，持类似观点的还有孙光德、董克用等学者。他们将生育保障的概念界定为以国家为实施主体，以法律政策为基本导向，以怀孕女性为服务对象，通过为其提供经济、健康、职业等方面的保障服务以提升其生育意愿的社会保险制度。❹

还有学者将生育保障制度和生育保障措施、生育政策混用。如生育保障措施是指由国家相关组织机构，以相关法律法规为依据，通过对用人单位为职工在生育方面的缴纳资金进行再分配，对社会成员的生育过程予以保障，其中包含了起到指导性作用的生育政策，以及规定具体实施方案的生育保险等措施。生育保障措施大致可以分为生育保险、生育津贴、社会福利等部分。❺该学者将生育保障措施视为由生育保险、现金福利、医疗服务和其他生育福利组成的多层次体系。

综合上述学者对生育保障的定义，可以发现，大多数学者对生育保障的内涵未作深入研究，更加关注其外延。所谓的广义和狭义也是相对的，学者对生育保障包含的范围认知差别较大，尚未达成一致，但基本都认可生育保险属于生育保障的范畴。本文认为生育保障主要是指国家针对女性生育行为、生育特点，通过国家强制手段征集生育基金，为怀孕和分娩的妇女及时提供经济帮助及其他服务，保障其基本生活和健康，确保妇女、儿童权益及社会人口再生产的一项社会保障。生育保障是促进母亲及儿童健康、营养、福祉的主要手段，设计合理的生育保障制度有助于帮助就业女性更好地平衡工作与家庭照护责任，将女性的生殖与生产角色有机结合，防止因女性的生殖角色在工作中受到不平等的待遇，进而促进就业市场的性别平等。

---

❶ 何文炯,杨一心,等.中国生育保障制度改革研究[J].浙江大学学报,2014(7):7-11.
❷ 庄渝霞.完善生育保障制度体系保护孕产妇权益[N].中国妇女报,2020-10-20.
❸ 郑功成.社会保障概论[M].上海：复旦大学出版社,2005.
❹ 孙光德,董克用.社会保障概论[M].北京：中国人民大学出版社,2000.
❺ 董佳倩.全面开放二孩政策背景下上海生育保障措施完善研究[D].上海：上海师范大学,2020.

（二）理论的转换：从事理到法理

从理论上看，概念的转换还是较为简单的工作，从生育保障事理到法理的转换是最重要也是最艰难的。这要求从生育保障建设的事实和事理中发现和提炼出法理命题，将政治话语转变为法学话语，最终形成法学化的生育保障观。

法学界普遍存在一种现象，即简单将一些属于经济学、人口学的成果直接用于论证社会法的基本理论，各种不同学科领域成果之间的转换没有经过一个再创作的翻译过程，这种状况必须改变。要顺利完成这一环节的命题提炼和话语转换，社会法学界必须既要关注和了解生育保障建设领域的实践和理论，理解和把握生育保障的事理，以形成全面、科学的生育保障观，还要学好法理学、民法学、宪法学、行政法学、诉讼法学等法学学科的知识和原理并能融会贯通、灵活运用，进而打通学科的隔阂，从生育保障的事理中提炼出相应的法理命题，并将生育保障的政治话语转化为生育保障的法学话语，最终形成由法学话语主导的生育保障观。

（三）转换原则：坚持法学学科作为立足点

对生育保障的科学理论和具体实践进行全面了解和深入学习，经过法学的识别、转换和处理最终形成法学视域下的生育保障理论体系，是实现生育保障法升级换代、发展进化的前提和基础。然而，对生育保障进行法学解读，无疑具有显著的跨学科性，将面临重大挑战。

一方面，跨学科性意味着生育保障法研究必须不断扩展自己的知识背景，特别是不断拓展关于生育保障理论和实践的知识背景，避免由于坐井观天只能局限于对微观领域的规范分析或者对个别问题的对策研究，难以进行宏观体系的教义探析或者理论创新。事实上，"知识背景同时又构成了研究问题的所谓前见，宽广的知识背景，总是为更深刻、真切地把握所研究的对象提供了出发点，并引导研究者更内在地切入问题"。[1] 生育保障知识背景的拓宽，生育保障观的形成和发展，无疑将有利于生育保障法学研究的深入、拓展和升华。然而，十分遗憾的是，当前，在生育保障法学研究之起点或基础这一环节，研究成果较为稀少，今后可以下足功夫，做好这方面的基础研究。另一方面，对生育保障进行法学解读的"跨学科性"并不意味着可以消解甚至否定学科的根基——法学。恰恰相反，"没有学科依托和根基的跨学科，是没有学术生命力的"，"学科之合，不能以否定、消

---

[1] 杨国荣.跨学科研究应合乎学术发展的内在规律 [N]. 社会科学报,2008-09-04.

解不同学科为前提,相反,它应当建立在扎实的学科基础上"。❶ 因此,对生育保障进行法学解读和法学转换必须毫不动摇地坚持以法学学科作为研究支点或者立足点。

第二节 生育保障法学创新的逻辑起点

任何理论研究都应当有自己的逻辑起点,生育保障研究及其理论体系的构建也不能例外。毋庸置疑,任何成熟的理论体系都有自己合理的逻辑起点,如马克思把"商品"作为《资本论》的逻辑起点。霍布斯指出:一门学科的起点,不可能是我们从圆圈中选择的任意点,它必须是指引我们走向豁然开朗境界的指路明灯。❷ 黑格尔认为,逻辑起点是逻辑演绎的开端,作为"开端的规定性,是一般直接和抽象的东西"。❸ 逻辑起点是一个系统的逻辑框架中的起始和首要范畴,往往以起始概念的形式来表现。通常而言,任何概念或范畴要成为某一理论的逻辑起点至少必须具备以下四大要件:一是有一个最基本、最简单、最抽象的质之规定;二是该范畴是构成该理论的研究对象之基本单位;三是其内涵贯穿于理论发展的全过程;四是其范畴有助于形成完整的科学理论体系。

法律概念,不仅是法律的基本构成要素,更是法学逻辑体系建构的基础和前提。正如博登海默所言:"概念是解决法律问题所必需和必不可少的工具。没有限定严格的专门概念,我们便不能清楚和理性地思考法律问题。"❹ 生育支持政策、生育保障、生育保险是生育保障制度建设和实施的基石概念,它们之间的区别和联系,可以说是生育保障法理创新和生育保障法学研究的逻辑起点和理论基础。

一、概念辨析:生育支持政策、生育保障、生育保险、社会保障

近年来,有关生育支持和保护的三个概念——生育支持政策、生育保障、生育保险几乎都是人口学、社会学、法学等学科的学者从各自学科的立场和认识而进行的界定。从哲学上看,缺乏一个整体、系统的认识论作为理论基础。如此一来,不仅使得这些概念的界定五花八门,形形色色,难以形成统一共识,而且不同学科的专家学者或者不同行业的实务部门总是竞相或倾向于扩大作为本学科或

---

❶ 杨国荣.跨学科研究应合乎学术发展的内在规律[N].社会科学报,2008-09-04.
❷ 霍布斯.论公民[M].应星,冯克利,译.贵阳:贵州人民出版社,2003.
❸ 黑格尔.逻辑学:上卷[M].杨一之,译.北京:商务印书馆,1981.
❹ E.博登海默.法理学——法律哲学与法律方法[M].邓正来,译.北京:中国政法大学出版社,1999.

本部门依据的概念边界，以至于理论研究和实践工作中经常发生反复不定、冲突矛盾的现象。学者们大多集中于范围问题的讨论，即到底是哪一个概念范围大？每一个概念的外延包含哪些方面？

从社会法的角度看，生育保险指国家和企业以怀孕、分娩、哺乳和节育的妇女提供医疗服务、生育津贴等以保障因生育、节育、抚养孩子而造成收入中断的妇女及其孩子基本生活的一项社会保险制度。生育保险制度是我国社会保险体系的有机组成部分，具有社会保险的一般特征。生育保障则是从社会保障项目下提炼出来的有关生育保险、生育救助和生育福利等制度和措施的统称。生育保障的具体项目有生育保险、生育福利和生育救助，主要内容包括经济保障、健康保障、就业保障及公共服务保障。可见，生育保险是生育保障的重要内容之一。二者属于包含与被包含关系。

国外有生育支持政策的说法。生育支持政策是"第二次人口转变"时期，部分欧洲国家为了扭转超低生育率开始出台旨在调整家庭生育行为的一系列鼓励生育的政策。❶在女性工作参与率不断提高的背景下，"家庭照顾"进入公共领域，生育支持政策不得不考虑女性工作与家庭之间的平衡问题。其内容可以从世界各国已推行的公共政策作出如下归纳：以儿童津贴和家庭津贴为代表的津贴制度和税收减免制度一起共同构成经济政策；以育婴假、弹性工作制度为代表的时间政策；以公共托育为代表的服务政策等。生育支持政策不能简单理解为限制或鼓励生育政策，而是一种系统性的生育政策，帮助女性平衡工作、生育、养育之间的张力，减轻女性的家庭照料负担和成本，保障女性工作权益，其目的在于维持或将生育率提高至生育替代水平之上。

在"三孩"政策的语境下，我国生育政策主要体现为"生育支持政策"。我国生育支持政策是生育保障制度的基础，呈现出"在曲折中发展并调整"的特点，体现了国家对生育的态度，对生育行为具有指导及约束作用。生育支持政策并非法学概念，范围最广，目前对内涵少有界定，主要范围包括生育保险、生育福利、生育救助、就业安排与非歧视，还有对生育和养育进行有效支持的政策安排，如托幼服务、灵活工作等安排。

生育保障制度是社会保障制度的组成部分。生育保障制度与实践跨越经济、政治、医疗、社会等十分广泛的领域，只有建基于经济学、社会学、医学、心理学、

---

❶ 王红漫,杨磊,金俊开,等.积极生育支持背景下家庭生育支持政策与生育率的历史转变——基于中国、日本、韩国、俄罗斯、美国和德国的比较分析[J].卫生软科学,2021,35(12):18.

管理学等众多自然科学和社会科学的知识和原理，对有关生育保障的思想和实践进行汇总、梳理、比较、归纳、提炼乃至一定程度上独立自主的原创研究，从生育保障的事实中归纳和抽象出生育保障的事理，才能形成全面、系统的生育保障观。有关生育保障的容易造成混淆的概念之间的区别和联系，可以说是生育保障法理创新和生育保障法学研究的逻辑起点和理论基础。

生育保障和生育支持政策不能混为一谈。前者属于法律制度范畴，后者是基于特定目的而存于人口管控领域，属于政策范畴。二者的区别可以参考政策与法律的区别。政策与法律虽然同属国家上层建筑，都具有强制性、权威性，但二者在制定主体、制定程序和稳定性方面存在较大区别。某种意义上，上述概念之间的联系可简单总结为：生育保障是社会保障的重要组成部分，跟随生育支持政策的调整而变化，是在宏观生育政策指引下的微观具体制度，而生育保险是生育保障项下的重要内容。

二、四位一体：生育保障之经济保障、健康保障、就业保障、公共服务保障

（一）生育保障之经济保障

国家针对女性生育行为、生育特点，通过国家强制手段征集生育基金，为怀孕和分娩的妇女及家庭提供经济帮助，保障其基本生活，确保社会人口再生产。一方面，体现为一国公民因生育行为应享有的因收入损失而给予的收入补偿和必要的生活费用，主要表现为生育津贴、护理假津贴、育儿津贴和生育医疗费用的支出等方面。生育医疗费用是指女职工在妊娠期、分娩期、产褥期内，因生育所发生的检查费、接生费、手术费、住院费、药费等医疗费用，以及生育出院后因生育引起疾病的医疗费。生育津贴主要体现为向新生儿母亲提供一定期限的产假帮助其实现产后恢复，并于产期内提供现金福利，提供至少维持其基本生活水平的收入保障。另一方面，为了鼓励和倡导生育友好范围，国家结合生育主体及家庭状况，给予不同程度的生育福利，如低收入家庭抚养二孩或三孩，在基本医疗、房屋租赁等维持生活必需方面得到的补助，对于高收入家庭，对家庭缴纳的税收减免，购置房屋等不动产、偿还银行贷款给予的优惠等都属于经济保障范畴。

（二）生育保障之健康保障

生育行为是一种具有生命风险的人口再生产行为。女职工在完成这一生产的过程中，要付出巨大的脑力和体力损耗；生育健康保障则对她们妊娠、分娩和产

后机体康复全过程提供多种健康帮助,预防并消除这一生产过程中可能出现的生命风险和各种异常现象,从而保障她们能够平安渡过产期,迅速恢复体能,重返工作岗位,保证生育女职工自身劳动力再生产的正常进行。根据国际劳工组织《产妇保护公约》及各国生育保障立法中所包含的生育保障内容,一是孕产妇医疗保健,即向孕产妇提供免费或者至少负担得起的由合格医师提供的产前、分娩、产后医疗保健服务,以维持、恢复、改善孕产期女性的健康及工作能力;二是工作场所健康保障,即雇主有义务确保工作环境的安全健康,对可能导致孕妇或哺乳期女性危险或不健康的工作采取法定保护措施;三是新生儿母亲的产假,向新生儿母亲提供一定期限的产假帮助其实现产后恢复;四是父亲的陪产假,妻子生育期间丈夫为照护妻子和孩子所休的短暂假期,以帮助新生儿母亲从分娩中尽快恢复,促进妻子和孩子的健康;五是父(母)亲的育儿假,即父母一方或双方均可获得的育儿假期,允许他们在一段时间内,通常是在产假或陪产假之后的较长假期照护婴儿或幼儿。除此之外,作为重要的婴儿和产妇健康保护措施,若在怀孕或者分娩期间发生某些不寻常或意外事件,如孩子实际出生日期晚于预产期,早产,产妇因怀孕、分娩而发生疾病、并发症、新生儿残疾或诊断为高风险等,应通过立法允许提供额外的延长假期以满足特殊的医疗需要。

(三) 生育保障之就业保障

妇女与男性有天然的生理差异,较之于男性,妇女的就业机会、薪资待遇、晋升机会等均处于劣势地位。生育保障之就业保障,旨在保护女性在怀孕、产假期间及重返工作岗位后一段时间内的就业,并确保女性生育不是就业歧视的根源。

当前生育保障制度并不完善,制约了妇女的平等就业等合法权益的实现。生育保障应提供就业支持,切实保障妇女的平等就业权益,实现女性在休假、育儿、返回职场或再就业各个阶段的权益得到切实保护,减少女性被迫性职场中断的发生。对因生育而发生职业中断、但有职场回归意愿之人,积极为她们提供就业岗位,同时建立两性平等的补贴机制,完善职场就业性别歧视的法律救济制度。除此之外,通过生育保障促进就业市场的两性平等有赖于良好的生育保障机制设计,包括由社会保险等集合型融资计划替代雇主责任制;鼓励男性休陪产假和育儿假,提供女性重返工作岗位后的喂奶便利及社会化的儿童照护服务等。

(四)生育保障之公共服务保障

公共服务主要包括生育医疗设施服务、产后喂奶便利、社会化的照护服务等方面。生育医疗设施服务主要是根据生育行为产生的需求来提供生育医疗资源的服务，主要是指产床、医院、医护人员等医疗资源服务。产后喂奶便利，即向返回工作岗位后继续母乳喂养的女性提供母乳喂养假期，休息时间及相应的卫生护理设施以保障母子健康。社会化的照护服务是指提供由国家资助或补贴的有品质、可负担的儿童照护服务，以减少父母，尤其是女性的无报酬护理和家庭工作，促使女性产后及时回归工作岗位。

(五)生育保障之经济、健康、就业、公共服务的法律保护

为更好地保障产妇健康、收入能力及实现性别平等目标，向女性提供覆盖产前、分娩、产后整个过程的全过程保障。不仅包括获得医疗保健、产假期间的收入保障等基本生育保障内容，还包括就业市场的反歧视立法保障，工作环境健康保障，并进一步扩大到女性的产后喂奶安排及提供社会化的儿童照护服务等。通过鼓励父亲与母亲共同分担照护责任，通过加强社会保障与劳动就业领域的立法衔接，通过产后喂奶便利与社会化的托儿服务与带薪产假的有机衔接等更好地实现全过程的女性生育保障。鉴于经济保障、健康保障、就业保障、公共服务保障之间具有四位一体的关系，在立法上既要搞好对"四位"的分别保护，又要坚持一体的整体主义原则。具体而言，重点要注意如下三个方面的问题：

（1）法律分别对"四位"进行专门保护，完善和补充现有的法律规范，各自明确生育保障的经济保障、健康保障、就业保障、公共服务保障各自的核心任务、主要保障手段和措施。

（2）坚持"四位"的一体化之整体主义原则，搞好经济保障、健康保障、就业保障和公共服务保障内部的融合与协调。经济保障与健康保障、经济保障与就业保障、就业保障与公共服务保障之间均具有一定的耦合性或一致性，各自兼具对方的部分功能或者有一定重合之处。

（3）人们对生育保障的需求即产生所谓的生育保障利益，对生育保障之经济保障、健康保障、就业保障和公共服务保障进行权利化，可形成生育保障之经济保障权、健康保障权、就业保障权和公共服务保障权。法学家罗斯科·庞德认为："利益是人们，个别地通过集团、联合或关系，企求满足的一种要求、愿望或期

待。"❶依此而言，人们对良好生育保障的需求即产生所谓的生育保障利益。进言之，生育保障权即是对生育保障利益的权利化。从人类文明的演进和新型权利的兴起来看，生育保障权是进入生育友好型社会的代表性或标志性权利。从法学的角度来看，最根本的就是要对政府课以生育保障职责以及企业和个人的生育保障义务，维护好生育保障权益。

第三节　生育保障法学创新的主要模式

在形成法学视野下的生育保障观并明晰生育保障法学研究的逻辑起点之后，接下来更为艰巨的任务是，以生育保障观所揭示的基本概念、科学原理、普遍定律和特别现象等为基础和依据，在生育保障领域对法学的经典原理和既有话术进行检验，以验证这种法学原理的契合性和妥当性，再根据这种结果，对传统法理学中的一般法律原理和宪法、行政法、刑法、诉讼法等传统部门法原理，或者进行具体的具化，或者进行局部的改良，或者进行彻底的革命，或者进行系统的整合，最终形成生育保障法学理论体系和话语体系。从事理分析转向法理分析，构建法理分析的逻辑框架和理论体系。这一环节两头都难，极具挑战性：不仅要对前端的生育保障事实和事理了然于胸，还要对后端的法理学、宪法学、行政法学、刑法学、诉讼法学等法学学科的知识和原理游刃有余，否则不可能完成从生育保障事理到法理的飞跃。

一、具化：传统法学原理的迁移运用

生育保障法理创新的"具化模式"是指传统法学的某些基本原理同样可以被运用于生育保障的具体领域，只需因地制宜地进行专门、具体的细化即可，而不必对传统法理做实质意义的调整或补充。换言之，对于生育保障的某类事务，只需要给传统法理一个精细化的躯壳，就可以形成适用于该领域或事务的生育保障法理，而传统法理的内核无需做任何实质上的改变。

其一，对法学基础理论的"具化"。在生育保障法理学领域，可把法律关系的原理应用于生育保障领域，"具化"为生育保障法律关系。其二，宪法理论的"具化"。可以把宪法中关于国家义务的一般原理应用到生育保障领域，"具化"为国家生育保障义务。其三，对刑法理论的具化。在生育保障刑法领域，可把法

---

❶　张文显.二十世纪西方法哲学思潮研究[M].北京：法律出版社,2006.

益理论应用于生育保障，具化为生育保障法益。其四，对诉讼理论的"具化"。在生育保障诉讼领域，可以将支持起诉、督促起诉的理论应用于生育保障司法领域，具化为生育保障公益诉讼支持起诉，督促起诉理论。具化模式可以说是生育保障法理论创新的主要模式，当前的生育保障法学主要还是集中于具化模式这一初级阶段。

二、改良：传统法学原理的适度改进

生育保障法理创新的改良模式，是指将传统法学的某些一般原理直接应用于生育保障特定领域明显不合适，需要在原有基础上进行局部或适度的改进，方能成为适用该生育保障领域的法理。换言之，对于生育保障的某一领域或某类事务，在坚持传统法理的"内核"或"根本"维持不变的前提下，对其主要内容做一定程度的修剪、调整或者补充。生育保障侵权领域的理论"改良"更为典型。鉴于生育保障侵权案件原告的弱势性，将传统侵权法中的归责原则理论即过错原则和因果关系理论直接应用于生育保障侵权救济显示公平，可"改良"为以无过错责任原则和因果关系推定，如盖然性因果关系、举证责任倒置说等为基础的生育保障侵权责任理论。

三、革命：传统法学原理颠覆性创新

生育保障法理创新的革命模式是指即使将传统法学的某些普遍原理做适度改良也难以适用于生育保障领域，只有进行革命性或颠覆性的重大创新，方能成为适用于该生育保障领域的法理。换言之，对于生育保障的某一领域或某类事务，必须抛弃或打破传统法理的内核，建立另一个崭新的法理内核。简言之，即颠覆传统法理的旧世界，建立一个生育保障法理的新世界。不过，需要强调的是，生育保障法理不是对传统法学理论的革命，并不是改朝换代，而是对传统法学理论的创新发展。

在生育保障领域，最具革命性的重大理论创新是关于生育保障权的新型权利理论。其一，现有的人身权和财产权均无法较好解释生育保障的权利表达；其二，即使对社会权利的法理进行重大"改良"，生育保险权也不能合理解释和有效保护公民享有良好生育保障的权利。只有对传统权利理论进行革命——构建生育保障权，才能有效保护因生育而享有的社会给予的保障——对造成生育保障侵害的民事行为和行政行为提起诉讼，通过司法途径予以保护。

四、整合：传统法理系统化协调配合

前述具化、改良、革命等法理创新模式所针对和解决的主要是法理学、宪法、民法、行政法、刑法、诉讼法中分散、独立的单项法理创新问题，并不关注和考量各项法理之间的内在关系，也不考虑如何将这些法理进行系统化整合，进而形成生育保障法学的理论体系。整合模式正是以解决法理的协调配合和体系构建为目的和宗旨的，其重点不在于微观领域的单项法理创新，而在于中观领域不同理论之间的衔接和协调，以及宏观领域的顶层设计和内容整合以形成系统、协调的理论体系。

如果将一项法律规范类比为一个生物个体，进而将一项生育保障法律制度视为一个法律种群，类比为一个生物种群，如蜜蜂种群。法律种群的优化由前述的"具化、改良、革命模式"来完成，我们可以将生育保障法理创新的"整合模式"分为如下四个层次：

（1）解决生育保障"法律种群"，相当于生育保障法关于某一领域普遍性事务的基本制度，例如，生育保险法律制度的主要内容有生育津贴和生育医疗费用补贴。二者在制度设计、修改过程中就必须考虑到实践中运行机制的配合、协调问题。

（2）解决生育保障法律群落，相当于生育保障法中某一行业领域的制度体系的体系化问题。即对不同的生育保障"法律种群"进行体系化的整合，形成系统的生育保障"法律群落"。例如，当前的重要任务之一是要树立生育保障法的整体观和兼顾生育保障法各部门的协调观，加强对生育保险、生育救助和生育福利的一体化保护，解决重视生育保险忽视生育福利、生育救助制度建设问题。再如，经济保障与健康保障、经济保障与就业保障、就业保障与公共服务保障之间均具有一定的耦合性或一致性，各自兼具对方的部分功能或者有一定重合之处。但是，经济保障、健康保障、就业保障和公共服务保障"四位"内部也可能存在制度之间的矛盾和冲突，如产假引发的生育歧视问题不容忽视。生育保障制度内部的融合与协调是制度体系化过程中的必经之路。

（3）解决生育保障法律系统问题。借鉴生态学中"生态系统"，相当于生育保障法整个法律体系的体系化（框架设计）问题，解决该问题的核心立法任务是推动生育保障法的体系化。生育保障的体系应该是一个由龙头法、主干法、配套法有机组合而成的统一的立法体系。即将生育保险法、生育救助法、生育福利法等不同的生育保障"法律群落"进行体系化整合,形成生育保障法的"法律系统"。

（4）研究生育保障"法律圈",借鉴生态学中的"生物圈"概念,相当于整个有关生育保障立法的法律体系。民法、行政法、经济法等不同的法律系统组成整个生育保障法律圈,生育保障法律系统同民法、行政法、刑法等其他部门法之"法律系统"的关系。

（一）生育保障法律制度之间的衔接配合

生育保障法理创新整合模式的第一种情形是通过解决微观层面相关"法律种群"之间的衔接问题,使这些制度成为一个衔接顺畅、功能配合的"法律群落"。本文试以"行刑衔接""行检衔接"为例,阐释说明之。

1. 生育保障责任追究的"行刑衔接"

从学理上看,根据行刑衔接内容的不同,行刑衔接包括程序衔接、实体衔接与证据衔接三个方面,这里我们重点讨论实体衔接和程序衔接的问题。对于严重侵害生育保障权的行为,如何搞好"行刑衔接"是亟待"整合模式"所思考和解决的问题。

（1）实体法上的"行刑衔接"问题,即行政处罚与刑事处罚的衔接问题。行政处罚和刑事处罚是根据违法程度和危害后果而对违法行为人的两种轻重有别的惩戒措施。本是性质完全不同的两种惩罚措施,但很多时候适用的边界并不清晰,衔接并不顺畅。首先,行刑处罚的分工和边界问题。其次,行政处罚规范（行政法）和刑事处罚规范（刑法）之间的衔接问题。最后,在何种情况下,行政处罚和刑事处罚两种制裁可相互换算和抵消。

（2）程序法上的"行刑衔接"问题,即行政执法和刑事司法的衔接。程序上的行刑衔接是指行政执法与刑事司法之间的衔接,包括行政执法机关将行政执法过程中发现的疑似刑事犯罪案件移送刑事侦查机关和刑事侦查机关侦查及审查起诉将不认为是犯罪但需要行政处罚的案件移送行政执法机关。问题是,在什么情况下,生育保障监管部门应当及时将案件移送公安侦察部门,已追究行政相对人的刑事责任移送时要注意什么问题,在什么情况下公安侦察部门必须对监管部门移送的案子予以立案,已经向公安侦察部门移送案件的行政部门是否也存在不依法履行职责的问题,要不要承担行政责任乃至刑事责任。

2. 生育保障行政公益诉讼的"行检衔接"

在生育保障行政法治中,生育保障行政权的使命是通过行政许可、行政命令、行政强制、行政处罚等行政措施来保护生育保障权的享有。检察权的主要使命是通过诉前程序（如提出履行职责的检察建议）和行政公益诉讼来监督行政权力的依法合理行使，行政权和检察权的分工和衔接问题就此产生。这就要求"整合"模式做出回答：在什么情况下的履行职责应完全由行政权负责而检察权不可干预？在什么情况下检察权不仅可以而且应当通过行政公益诉讼来对行政权进行监督和干预？否则，行政权和检察权的衔接就不可能顺畅。从应然层面看，尽管行政机关必须按照检察建议的要求履行监管的法定职责，但在实践中，检察机关在诉前程序中对于行政履职行为的审查兼采"行为标准"和"结果标准"。

（二）生育保障法律制度的体系化研究

生育保障法理创新整合模式的第二种情形，是围绕某一目标任务，通过中观层面的制度体系上的设计和优化，将前述的法律制度分工组合成一个功能全面、彼此衔接、内在协调的生育保障制度体系。当然，法律群落也有大有小，小到一章中的几个条文，中到一部分立法，大到一个亚部门法。要注意的是，要根据结构形式和规范组成的不同，我们可以把生育保障法划分成法律形式和法律规范两个系列的制度体系。功能结构意义上的"法律群落"主要研究任务是在前述制度研究的基础上，健全和完善经济保障、就业保障、健康保障和公共服务保障法等制度体系。

法律规范意义上的"法律群落"，从法律工具（法律规范）的类型来看，我们可把生育保障法律系统分为生育保障宪法、生育保障民法、行政法、刑法和诉讼法等不同的"法律群落"。譬如，就加强生育保障行政"法律群落"的研究而言，其主要任务是从行政手段体系的高度，研究生育保障领域的行政许可、行政强制、行政补偿、行政处罚、行政合同、行政服务、行政激励、行政调处、行政监督、行政问责等方面的问题，而不是研究某一具体行政手段，因为，这属于法律种群意义上的具化、改良和革命。

当然，从另一个角度讲，对于某一个立法任务的完成，可能同时需要运用宪法秩序、民法制度、行政法制度、刑法制度和诉讼法制度。这些不同类型的法律制度共同构成一个整体的"法律群落"。下面本文尝试以生育保障权为例，对如何构建法律工具意义上的"法律群落"进行阐释说明。

生育保障权"法律群落"的设计。在构建生育保障权（革命模式）概念之后，核心任务就是研究如何对其进行保护和救济，以全面实现生育保障权。这将面临一系列的法律分工和衔接整合问题。首先，生育保障权是否需要宪法保护，在立法权、行政权、司法权和监察权上具体该如何落实？其次，生育保障权的私法化是否有必要，有无可能，如何实现？具体而言，私法化的生育保障权如何取得，如何行使？特别是，如何协调好生育保障权与生育权、生育保险权之间的权利冲突？再次，生育保障权的行政保护，有无适用的条件和功能局限，其同生育保障知情权、参与权和政府生育保障责任之间有何关系？生育保障权的司法救济同公益诉讼之间是什么关系？生育保障权诉讼和传统的生育纠纷的诉讼之间如何协调？最后，如何搞好生育保障权的宪法保护、民法保护、行政保护、刑法保护的分工配合问题，如何搞好实体保护与司法救济之间的衔接？围绕生育保障权的取得、行使、保护和救济问题进行体系化的制度设计，最终形成一整套生育保障法律制度。

（三）生育保障法律的体系化研究

生育保障法理创新整合模式的第三种情形，是通过宏观层面"法律系统"，相当于法理学中的"法律体系"的设计和优化，将前述的"法律群落"，即亚部门法制度体系分工组合成一个覆盖全面、结构完整、运转协调、功能高效的生育保障法律体系。

以前述生育保障的事理为基础，本层次最主要的法理创新是生育保障法律体系应主要由宪法规范、民法规范、行政法规范、诉讼法规范等五类法律规范和生育保险法、生育福利法、生育救助法三大法律群落即亚部门法分类组合而成的法律体系。从当前的情况来看，生育保障法律系统主要存在如下两个方面的突出问题：

（1）法律群落之间发展不均衡，存在畸轻畸重的现象。在生育保障法治建设事务方面，存在如下突出的发展失衡问题：重生育保险，轻生育救助、生育福利的问题较为严重，亟待补强生育救助这一法律群落发展的短板；重行政轻民事、重义务轻权利、重实体轻程序等问题较为突出，亟待补强生育保障民事权利和程序方面的立法。

（2）法律群落之间的沟通和融合不够顺畅，存在各自为政、孤军奋战、缺乏协调的现象，突出表现是生育保险、生育福利、生育救助等亚部门法之间的协调和融合还不到位，"顾生育保险不顾生育福利、生育救助"的问题还比较严重。

（四）生育保障法律圈的体系化研究

生育保障法创新整合模式的第四种情形，是超越生育保障法本身，站在整个法律体系的高度来认识和处理生育保障法与宪法、民法、行政法、刑法、诉讼法、经济法等传统部门法的关系。

核心问题之一：如何认识生育保障法的属性地位以及整个法律体系的结构组成？

在此，需要特别强调的是，从法律规范的构成来看，同民法、宪法、行政法、刑法、诉讼法这些主要由一种法律规范构成的"单一型基础性部门法"不同，生育保障法主要是由宪法规范、刑法规范、行政法规范、民法规范、诉讼法规范等多种法律规范混合而成的。只不过，这种法律规范的混合，是根据社会关系的调整需要和不同法律规范的制度功能，按照一定的法理逻辑分类组合而成的，并非没有章法和逻辑的东拼西凑。

换言之，在认识论和方法论上，尽管可以从宪法规范、民法规范、行政法规范、诉讼法规范的不同角度来认识和优化生育保障法，但在结构论和功能上，生育保障法是不能在整体上拆解为可独立存在的生育保障宪法、生育保障民法、生育保障行政法、生育保障刑法和生育保障诉讼法五大亚部门法的。其原理类似于物权法里的附合。[1] 例如《社会保险法》作为社会保险的制度的法律表达，虽然是由社会保险行政法规范、社会保险民法规范、社会保险宪法规范、社会保险刑法规范和社会保险诉讼法规范分类组合而成的，却不能被拆解为可独立存在的社会保险宪法、社会保险民法、社会保险刑法和社会保险诉讼法。原因是，这些不同性质的社会保险法规范共同组合成了社会保险法，具有了统一的结构和功能，不可彼此分离。

因此，法律规范的混合性或组合性，并不妨碍生育保障法也可以成为独立的部门法，不过需要以全新的三维法律体系观为理论框架。在这种三维法律体系中，生育保障法属于以问题为导向，旨在专门解决生育保障建设事务的"组合型领域性部门法"。实际上，三维法律体系中的经济法、社会法、卫生法、文化法和军事法也属于此类组合型领域性部门法，这类部门法类似于经线分布。相应地，法律体系中的民法、宪法、行政法、刑法和诉讼法则属于主要由一种法律规范构成的"单一型基础性部门法"，例如，民法部门法主要由民法规范构成，行政法部门法主要由行政法规范构成，刑法部门法主要由刑法规范构成，这类部门法类似

---

[1] 梁慧星,陈华彬.物权法[M].6版.北京：法律出版社,2016.

纬线分布，但相互的逻辑关系很复杂，需要平面极坐标方能较好表达。❶

核心问题之二：如何认识和推进传统部门的"生育友好化"？

这一问题可化解为两大部分，即如何认识法律"生育友好化"的内涵和必要性以及如何对宪法、行政法、刑法、诉讼法、经济法等传统部门法进行"生育友好化"改造，从而与专门的生育保障法一起构成一个整体的生育保障立法体系。这是因为，生育保障法是由生育保障宪法、生育保障民法规范、生育保障行政法规范、生育保障刑法规范、生育保障诉讼法规范组成的法律规范体系，然而，由于法律制订的部门法分立和立法研究的学科分化——各部门法主要由该部门法的学界负责，如民法的制定主要由民法学界负责，宪法的制定主要由宪法学界负责等，导致民法、宪法、经济法等部门法的立法文件中可能没有相应的生育保障法律规范，或者即使有但所拟定的生育保障法律规范同生育保障专门法之间也存在衔接不畅、不一致甚至根本冲突的情形。

问题是，生育保障立法体系是一个整体，不仅包括生育保障专门法中的法律规范，还应包括宪法、民法等其他部门法中的生育保障法律规范。这就需要对宪法、民法、刑法、行政法、经济法等其他部门法的立法进行"生育友好化"改造，使所有的生育保障法律规范都能构成一个覆盖全面、功能齐全、内部一致、相互协调的统一整体。

本层次的法学研究和法理创新，不仅要对生育保障法自身的知识和原理了然于胸，还需要熟悉和理解其他部门法的知识和原理，既要能统揽全局，又要能触类旁通，需要整体视野和系统性思维。

"所有科学研究或者科学理论的提出，都要包括若干必不可少的过程和要求：①在经验事实中发现问题，即发现制度、实践的缺陷和不足；②运用现有的理论对该问题进行解释，试图在解释论框架下寻找解决问题的方案，如采用扩大解释的方法；③在无法做出妥当解释的情况下提出真正的问题，即提出疑问并寻找背后的原因；④提出理论改良或理论革命的理论假说，即提出可以解释该问题的假设命题；⑤对理论假说进行论证，以证明其正当性、必要性和可行性；⑥运用证伪或否证方法，提出若干项足以推翻该理论假说的命题，再对这些假说命题逐个证伪；⑦将那些经过证实和证伪都不可能推翻的假说放在其他不同的领域进行验

---

❶ 当然，从立法技术上看，具体落实到法律文件上，一类部门法的法律文本中可能也会含有少量其他部门法性质的法律规范。例如，民法典中也有少量的行政法规范、刑法规范、宪法规范和诉讼法规范。不过，这些法律规范主要属于衔接性规范。

证,以将其上升为普遍的理论命题。"❶生育保障法学的法理创新也应经历上述过程,正所谓,大胆假设,小心求证。

总体而言,在前述四种理论创新模式中,"革命"模式的创新程度最高,可能遭遇的阻力最大,"改良"模式次之,"具化"模式的实施难度最低,可能遇到的阻力也最小。从历史上看,"具化"模式是生育保障法初级阶段的主要的理论创新和制度创新模式。整合模式的创新则以前述三种原创性创新为基础,重在搞好已有理论创新的衔接协调和体系建构,最富挑战性和艰巨性,这也是当前生育保障法学研究极为匮乏和薄弱的。要注意的是,这四种理论创新模式都需要各有适用空间。

其一,坚持解放思想、实事求是的原则。即对传统法理进行创新、要勇于打破条条框框,按因地制宜的原则,该具化的具化,该改良的改良,该革命的要坚定不移地推进革命。

其二,要坚持引创结合,引进为用,创新为体,重视法理的原则。即要重视外国法律制度的引进和借鉴,但外国生育保障法只能作为中国生育保障法理创新的素材和渊源,比较生育保障法研究应当聚焦于法律制度背后法学理论的分析和创新,而非只做简单的语言翻译和制度复制。换言之,不能按照"中国问题—外国经验—中国借鉴"的传统逻辑做"搬运工",而应遵照"中国问题—外国经验—法理探究—中国创新"的逻辑思路,做"设计师",❷推进立足于中国本土的生育保障法学创新研究。

其三,坚持客观科学、求真务实的原则。即对传统法理进行创新要选择合适的理论基础和创新路径,符合相应的法学原理和基本逻辑。

其四,坚持以简御繁、效益优先的原则。即对传统法理进行创新,务必要考虑理论创新的必要性和合理性,能"具化"的不"改良",能"改良"的不"革命"。简言之,切忌无视理论创新的制度成本和难易程度,轻言"革命",正所谓,"若无必要,勿增实体"!❸

其五,坚持协调配合,系统统筹的原则。即树立整体思维,搞好理论创新的

---

❶ 陈瑞华.论法学研究方法[M].北京:法律出版社,2017.
❷ 杨朝霞.生态文明观的法律表达——第三代环境法的生成[M].北京:中国政法大学出版社,2019.
❸ "若无必要,勿增实体"即简单有效原理。简称奥卡姆剃刀定律,又称为"奥康的剃刀"。它是由14世纪英格兰的逻辑学家、圣方济各会修士奥卡姆提出来的。在《箴言书注》第2卷第15题中,奥卡姆将其解释为:"切勿浪费较多东西去做,用较少的东西同样可以做好的事情。"

"整合"工作,注意理论创新之间的衔接和协调,注重生育保障法理论体系的整体建构。

本章小结

从科学原理到法律制度、从政策文件到法律文本、从客观事实到法律规范都需要有法学理论作为指导。因此,应当尽快形成法学视野下的生育保障观。并注意从生育保障事理中抽象和提炼出生育保障的法理,早日形成结构完整、逻辑严谨的生育保障法学理论体系,再以这些生育保障法学理论为基础和依据,创制和改造生育保障的立法体系,不断推进生育保障法的升级换代和健全完善。

要以生育保障理论为基础,促进生育保障法的升级换代,第一步,应从经验事实到科学理论,完成生育保障事理的提炼和归纳。生育保障制度与实践跨越经济、政治、医疗、社会等十分广泛的领域,只有建基于经济学、社会学、医学、心理学、管理学等众多自然科学和社会科学的知识和原理,对有关生育保障的思想和实践进行汇总、梳理、比较、归纳、提炼乃至一定程度上独立自主的原创研究,从生育保障的事实中归纳和抽象出生育保障的事理,才能形成全面、系统的生育保障观。第二步,从事理到法理完成生育保障的法学转化。将党和国家的政治决策转化为生育保障的法律制度、法定程序。解决从生育保障事理分析走向生育保障法理分析的方法论问题,要将生育保障国家战略变成法学理论中的价值取向、研究方法、概念体系和规范体系,需要我们运用法律逻辑、法律语言、法律思维来研究社会现象或者社会事实,通过从社会事实中提炼法学理论命题,并对这些理论命题进行分析论证,从而形成具有法学韵味、由法学话语主导的生育保障观。在转换过程中,坚持以法学学科为立足点的转换原则。对生育保障的科学理论和具体实践进行全面了解和深入学习,经过法学的识别、转换和处理最终形成法学视域下的生育保障理论体系,是实现生育保障法升级换代、发展进化的前提和基础。

生育支持政策、生育保障、生育保险、社会保障是生育保障制度建设和实施的基石概念,它们之间的区别和联系,可以说是生育保障法理创新和生育保障法学研究的逻辑起点和理论基础。在对概念辨析的基础上,总结生育保障的定义是为女性提供生育期间收入补偿、医疗服务、生育休假、公共服务的社会保障项目,是社会保障制度的组成部分。并对生育保障之经济保障、健康保障、就业保障、公共服务保障内容进行解读,厘清四部分内容之间具有四位一体的关系,在立法上既要搞好对"四位"的分别保护，又要坚持一体的整体主义原则。

在形成法学视野下的生育保障观并明晰生育保障法学研究的逻辑起点之后，接下来更为艰巨的任务是，以生育保障观所揭示的基本概念、科学原理、普遍定律和特别现象等为基础和依据，在生育保障领域对法学的经典原理和既有话术进行检验，以验证这种法学原理的契合性和妥当性，再根据这种结果，对传统法理学中的一般法律原理和宪法、行政法、刑法、诉讼法等传统部门法原理，或者进行具体的具化，或者进行局部的改良，或者进行彻底的革命，或者进行系统的整合，最终形成生育保障法学理论体系和话语体系。

生育保障专门法的体系化的主要任务是，以生育保障的具体法理为指导，健全和完善关于生育保障专门法的各项法律制度，做好法律制度之间的衔接和配合，形成系统、协调的生育保障制度体系。一是完成生育保障法律制度的补充和改进，具体包括生育保障重点法律制度的补充和优化。首先要确立公平正义、保障优先、分类施策等原则为主体的基本原则体系。其次，要构建由基本制度和基础制度共同构成的生育保障制度体系；健全和完善生育保障法律责任制度。二是要完成生育保障相关制度的衔接与配合。在设计各项生育保障法律制度时，要做好同相关制度之间的衔接和配合，重点是要解决好经济保障制度、健康保障制度、公共服务保障制度和医疗保障制度的衔接和配合问题。在中观层面上，要重视解决生育保险法、生育福利法、生育救助法等生育保障法律领域的衔接和配合问题，即处理好生育保险法、生育福利法、生育救助法三者之间的关系问题。三是要推进生育保障法律体系的健全和完善，核心立法任务是推动生育保障专门法的体系化。生育保障专门法的体系应该是一个由龙头法、主干法、配套法有机组合而成的统一的制度体系。本文确定生育保障领域的龙头法——《人口与计划生育法》，作为统筹生育保障制度的基本法和龙头法，同时推动生育保障主干法、地方法和配套法的建设。

推进传统部门法的"生育友好化"。一是要推进宪法的"生育友好化"，注重推进基本国策、国家义务、国家机构及其职责的"生育友好化"；二是要推进行政法的"生育友好化"，对行政主体、行政许可、行政补偿、行政程序、信息公开、行政强制、行政处罚、行政复议、行政赔偿等基本行政法律制度，在生育保障领域作出需要特别强调或者不同于普通规则的专门规定；三是要推进诉讼法的"生育友好化"，重点是规定生育保障民事公益诉讼、生育保障行政公益诉讼的专门条款；四是要推进经济法的"生育友好化"，在经济法的价值理念、基本原则和具体制度中注入"生育友好化"的理念。具体而言，主要是在经济主体制度如公司法、合伙企业法和收入调控制度如个人所得税法、企业所得税法、税收征收管理法等方面推进法律制度的"生育友好化"。

第二章 我国生育保障法律制度历史回顾与反思

站在新的历史起点，有必要回顾和梳理新中国成立以来生育保障的发展历程，总结现行生育保障法律制度面临的挑战，展望生育保障法律制度的改革方向。新中国成立以来生育保障的发展大体上可以分为三个阶段：前面30年基本是与计划经济体制相适应、以劳动保险为主的劳动保障制度，主要覆盖城镇职工，包括城镇企业职工和机关事业单位员工，生育保障待遇基本相同。改革开放以来主要是按照社会主义市场经济体制要求改革生育保障制度的过程，以城镇职工生育保险为主进行改革探索，企业职工与机关事业单位员工的生育待遇在内容和水平方面存在一定差异。21世纪以来，以城乡统筹为目标的全面发展和制度创新阶段，城乡居民的生育权益进入政策视野，生育保障覆盖面越来越广，待遇水平也有较大提高。本文的生育保障取其广义，包括医疗费用报销和生育津贴等生育保险待遇，还包括与生殖抚育相关的就业保障、孕产期间的劳动保护和产假或流产假，以及婴幼儿的托幼服务与补贴等。

第一节 我国生育保障法律制度历史回顾

一、新中国成立初期：国家统筹模式下的生育保障制度

本文对生育保障法律制度的历史回顾始于新中国成立之时。新中国刚刚成立，百废待兴，人民群众的劳动积极性高涨，人人积极响应国家号召，参与生产。妇女生育和婴幼儿养育的问题也被纳入了议程。为了让人民群众全身心投入大生产建设，国家财政兜底，建设了托儿所、幼儿园、公共食堂等，不断提高女性的生育保障待遇。企业职工的生育保险未作为单独的制度确立，劳动保险条例及

实施细则❶对女工的劳动保护和生育待遇等进行了规定，人群覆盖范围广泛：国营、公私合营、私营等单位以及实行劳动保险的企业内工作的工人与职工，包括工资制、供给制、学徒工、临时工、试用人员在内的女工人与女职员和男工人的妻子以及季节工、小时工等灵活工作的女工。保障内容主要包括：①时间保障：包括法定产假56天，难产或双生增加15天奖励假，15~30天的流产假，一年的哺乳假等。②经济保障：一是医疗费用报销，参加生育保险的女工人与女职员怀孕，在该企业医疗所、医院或特约医院检查或分娩时，其检查费与接生费由企业行政方面或资方负担；二是产假和流产假期间工资照发，哺乳时间算工作时间，保护怀孕或生育的女工不被无故开除或变相辞退；三是生育补助费，由劳动保险基金项下付给女工一次性生育补助费。③育儿设施和托育服务：产假休完后，可以带孩子到单位开办的保育院，有专人负责照看孩子，为女职工平衡工作和子女照料创造了条件。④减轻工作或缩短工时的特殊劳动保护：为怀孕6个月以上的女工调换或减轻工作，无轻便工作可调换时，缩短其工作时间，工资照发，怀孕7个月或产后未满6个月的女职工不得从事夜班工作，不得加班，减轻女性工作量，保障女性健康权。20世纪60年代末，"国营企业一律停止提取工会经费和劳动保险金"，"企业的退休职工、长期病号工资和其他劳保开支，改在企业营业外列支"。❷ 生育保险由社会统筹变为单位负责。

各级人民政府、党派、团体及所属事业单位的国家工作人员的生育保障，除了在劳动保险条例有相应的生育待遇外，主要内容在中直机关的相关政策中。生育待遇内容和水平与企业职工生育保险待遇基本一致，生育医疗费用由公费医疗解决，产假期间单位照发工资，收入不变。

二、改革开放二十年：企业承担模式下的生育保障制度

20世纪80年代到21世纪初，伴随着改革开放和经济体制改革的推进，计划经济时期单位负责的生育保险制度难以适应新的经济发展形势并逐步凸显其弊端。企业在改革的浪潮中更加注重经济效益，单位负责的生育保险造成女工多的企业负担较重，女性劳动力成本较高，面对生育带来的成本，企业不愿招用女工。企业不再提供托幼服务，女性工作—家庭冲突严重。女性受教育程度的提高和人

---

❶ 1951年颁布的《中华人民共和国劳动保险条例》，1953年颁布的《中华人民共和国劳动保险条例（修正案）》《中华人民共和国劳动保险条例实施细则修正草案》，1956年颁布的《工厂安全卫生规程》等。

❷ 1969年2月，财政部颁发了《关于国营企业财务工作中几项制度的改革意见（草案）》。

力资本的提升，使女性具有更强的竞争力，进入高薪领域的能力和意愿逐渐增强。企业基于经济效益招用高人力资本女性的意愿也增强了。劳资双方都有改革生育保障的需求，各地开始探索适合当地的生育保险制度。南通、株洲、昆明、宁波等几十个市县开始试行生育保险社会统筹。1994年12月，劳动部颁布了《企业职工生育保险试行办法》。企业按照国家规定以职工工资总额为基数按比例缴纳生育保险费，个人不用缴费，体现了用人单位的社会责任；缴费不分男女，也在一定程度上分担了女性员工较多企业的生育保险负担。参加了生育保险的女职工生育时可享受生育医疗费用和生育津贴等待遇，由生育保险基金支付。之后，北京等27个省、自治区、直辖市也颁布实施了生育保险规定、试行办法或实施意见，覆盖范围以本地城镇户籍职工为主。生育医疗费用的报销标准各地不尽相同，住院分娩费用支付标准与医院级别也相关，但基本都是定额。

改革开放后，机关事业单位女工的生育保障继续沿用计划经济时期的规定。生育医疗费用按相关规定继续由公费医疗支付。产假期间收入由单位照发工资，但由于机关事业单位工资制度改革，部分地区以女职工劳动保护规定"不得在女职工怀孕期、产期、哺乳期降低其基本工资"为准，只发放基本工资，女性产假期间收入与产前相比有了较大幅度的降低。机关事业单位产假时间有一定弹性，除法定产假外，女性可以享受一定时间的奖励假，比如独生子女政策期间，三年不领取独生子女费的家庭，生育妇女可以增加三个月的产假。

三、21世纪以来：社会统筹模式下的生育保障制度

21世纪以来，我国开始从人口红利大国进入向人力资本红利强国转轨的阶段。随着女性受教育程度的不断升高，高人力资本的女性人力资源需要在劳动力市场上得到更充分的挖掘和发挥；同时，多年的少生优生计划生育政策极大地降低了我国人口的出生率，而人口老龄化的不断深化，需要尽快提高生育率，促进妇女平等就业和保障妇婴健康问题一同进入国家视野。党的十八大确定了社会保障全民覆盖的目标，全面生育保障的建立和推动迫在眉睫。

随着流动人口的不断增加以及多种用工方式的出现，各地对生育保险政策进行了相应调整，逐渐将非本市城镇户籍从业人员、灵活就业人员、失业人员纳入保障范围。2010年，《中华人民共和国社会保险法》将有生育保险男职工的未就业配偶纳入生育保险范围。2017年在全国12地试点的生育保险和职工基本医疗保险合并实施，2019年底前全面开展两项保险合并实施，参加职工医疗保险的

职工同步参加生育保险，生育医疗费和生育津贴资金费用由职工基本医疗保险基金支付。

随着城镇职工生育保险的改革与完善以及公费医疗的改革，机关事业单位的生育保障也开始改革，逐渐向职工生育保险并轨。从各地政策和相关调研发现，参加城镇职工基本医疗保险的机关事业单位都参加了生育保险。执行公费医疗的机关事业单位依然由公费医疗解决生育医疗费用，产假期间收入由单位按照规定照发工资。

未就业的城镇居民和农村居民的生育保障在很长一段时间内处于空白状态。21世纪以来，在城镇职工生育保险不断扩大覆盖面的基础上，政府开始日益重视城乡居民的生育保障。在农村，以新型农村合作医疗制度为基础，2002年，中共中央、国务院颁布了《关于进一步加强农村卫生工作的决定》，提出建立大病统筹为主的新型农村合作医疗制度和医疗救助制度，解决了农民的大额医疗费用或住院医疗费用，其中包括农村妇女住院分娩的医疗费。

2003年《关于建立新型农村合作医疗制度的意见》明确规定，农村妇女住院分娩费用由新农合报销。国家财政还设立了专项资金，建立了涵盖全国31个省区市的农村妇女分娩补助项目，项目覆盖范围内的所有农村户籍孕、产妇住院分娩都可以得到财政补助。在城镇，2009年《关于妥善处理城镇居民生育医疗费用的通知》将城镇居民的住院分娩费用以及产前检查费用纳入城镇居民医保基金支付范围。由此，生育保障实现了制度全覆盖。

纵观新中国成立以来，生育保障法律制度的发展呈现出以下发展特点：

一是保障对象从城镇职工到全民普惠。从制度建设来看，改革开放前，我国没有专门的生育保险法规政策，相关内容分散在其他政策中。其定位是保护女职工的健康，减少女职工因生理特点造成的特殊困难，主要面向城镇女职工，也覆盖了部分男职工配偶。改革开放后，我国建立了专门的城镇职工生育保险制度，确立了"促进公平就业，保障女性就业权"的理念。城镇职工生育保险的社会统筹以及生育保险缴费的无性别差异，减少了用人单位的性别歧视，进一步保障了女性的劳动就业权。

二是生育保障制度架构从多元分割到逐步整合。首先，实现城镇职工生育保障的整合。计划经济时期的生育保障主要覆盖大型企业职工，由劳动保险项支付相关费用，机关事业单位的生育保障由财政和公费医疗共担，医疗费用由公费医疗支付，产假期间收入由原渠道以工资形式发放，待遇水平存在一定差异。改革开放后，我国为解决女职工比例不同造成的企业生育负担畸轻畸重的问题，建立了统一的社会统筹的城镇职工生育保险制度，但只覆盖了城镇户籍职工。21世纪以来，随着流动人口的大量增加所带来的社会保障需求，很多地方开始关注并逐步将非本市城镇户籍职工纳入城镇职工生育保险。各地劳动保障部门按照生育保险与医疗保险协同推进的思路，逐步将机关、事业单位、灵活就业人员以及农民工等纳入生育保险参保范围。其次，逐步建立统一的城乡居民生育保障。21世纪以来，农村居民和城镇居民先后通过新农合与城镇居民医疗保险，获得一定比例的生育医疗费用报销或者分娩补助。2016年，城镇居民基本医疗保险和新型农村合作医疗整合统一为城乡居民医疗保险，城乡居民的生育保障实现了政策上的统一。

三是保障责任从个人缺位到个人负责再到多方承担。生育保障的责任分担体现了对生育及生育价值的认识与选择。我国城镇职工生育保险费用的承担经历了从国家统筹到企业自付再到社会统筹的过程，政府、企业与家庭共担责任；城乡居民生育医疗费用从居民缴费、财政补贴的城乡居民医疗保险中报销，体现了国家与家庭共担责任的原则。

第二节 "三孩"时代生育保障法律制度发展障碍性因素

在探究生育保障法律制度具体实施状况的基础上，分析生育保障的实际需求，找寻生育保障法律制度发展面临的挑战主要体现在以下三方面：生育保障利益多元化和权利化诉求亟需满足；生育保障责任分配制度有违公平原则；生育歧视法律救济制度供给不足。

一、生育保障利益诉求的多元化及权利化

随着文明水平提高，社会公众越来越对保护自身利益"很在乎"，而且由于利益诉求多元化，利益协调过程中遇到的情况日益复杂——能否针对利益诉求多元化，做到利益协调多样化，是国家治理能力的反映。利益的多元化可以分为两个层次：其一是利益主体的多元化。社会中的利益主体经过分化组合，形成不同的个体主体和利益群体。其二，主体利益的多元化。社会中不同主体对利益的需

求也不同，具有差异性，在差异的基础上共存。利益源自需求，主体的多元化，必然导致需求的多元化，即社会中不同主体对利益的需求也不同，在差异的基础上共存。首先，主体的利益需求内容要求更高。其次，不同群体的利益需求差异加大。需求的差异性是市场经济的必然结果，在市场经济运作中，不同的主体的需要是不同的，逐渐形成多元利益群体。最后，利益的差异和加大要求利益诉求机制的多元化。利益的多元化必然会带来多种形式的利益冲突，在承认不同利益群体平等地位的基础上，让多元利益群体能够充分实现自己的利益表达，在看似冲突和矛盾的互动过程中争取利益博弈的协调与均衡，形成多元化的利益诉求机制。

（一）生育保障利益诉求的多元化

1. 城镇职工生育保障制度设计存在缺陷

城镇职工生育保险和女职工劳动保护为女性工作人员的生育提供了较好的保障，但是临时工、季节工以及灵活就业人员的保障水平相对较差，甚至不在保障范围之内。计划经济时期，女性临时工、季节工等产假工资只有产前工资的60%。改革开放后较长一段时间内，非本市城镇就业人员无法参加生育保险，游离于制度保障之外。21世纪以来，我国城镇职工生育保险的覆盖面不断扩大，基本覆盖了所有参加城镇职工医疗保险的在职职工，但生育保险由单位缴费的设计仍使得大量灵活就业人员、失业人员等没有单位的就业人员陷入制度困境，因没有用人单位，使其没有权利和资格参加职工生育保险，也就无法享受职工生育待遇。她们需要自己代缴单位部分参加城镇职工医疗保险，也不能跟城乡居民一样通过参加城乡居民医疗保险报销生育费用。生育保险的单位缴费设计充分体现了单位的社会责任，但因未能及时调整适应社会经济发展出现的新的就业方式，使得部分生育妇女无法得到保障，处于制度的夹缝中。

2. 城乡居民生育保障待遇水平与社会发展不相适应

城乡居民女性生育在很长一段时间内没有任何的保障，直到21世纪以来，借由城乡居民医疗保险在制度上实现了生育医疗费用的报销，但是报销范围和报销比例都较低，相对于越来越高的生育费用来说是杯水车薪，聊胜于无。相对于城镇企业职工和机关事业单位公职人员比较完善的生育保障来说，城乡居民的生育待遇水平较低。城乡居民不仅医疗费用的报销水平低，而且没有任何的补贴，大部分地区按照病种给予一次性的住院分娩报销。城乡经济一体化以及城乡统筹生育保障制度的建立，需要提高城乡居民的生育保障水平，也需要转变城乡居民生育的保障理念。住院分娩不是对疾病的治疗，而是对安全生育的保障，对母婴健康的保障，对国家人口发展的保障。生育的社会性需要国家和社会分担责任，不能因女性身份造成待遇水平的巨大差距。

3. 公共托幼服务无法满足需求

公共托幼服务供给不能满足家庭托幼需求和女性工作—家庭平衡的需要，这不仅影响了妇女权益，而且影响了人口政策的转变。改革开放以来，公共托幼服务逐渐退出以及过度市场化，工作场所与居住场所的分散化，人力资本提高育儿的精细化，以及公共服务供给与家庭托幼需求差距越来越大，使得越来越多的家庭让生育女性退出劳动力市场来完成家庭的养育。但是婚姻的不稳定与婚姻法对女性权益保障的不利，以及女性自我意识和自我实现的提高，致使很多家庭选择少生甚至不生，这也是人口政策调整未能有效提高生育率的一个原因。

（二）生育保障利益权利化诉求亟需满足

"利益是权利的灵魂，也是解开权利之谜的钥匙。"❶ 权利总是指向一定的客体，追求一定的利益，如经济利益、社会利益、政治利益等。权利的意义重心不在于他人履行义务满足了权利人权益而是权利人的利益构成了让他人承担义务的证立理由。❷ "所谓权利客体，乃权利人依其权利所得支配之社会利益之本体。"❸ 法学家罗斯科·庞德认为："利益是人们，个别地通过集团、联合或关系，企求满足的一种要求、愿望或期待。"❹ 依此而言，人们对良好生育保障的需求即产生所谓的生育保障利益。

"若能通过适当地解释既有法律权利将新的利益主张包含进去，则无须将其规定为一种独立的权利。仅当某种利益主张不能被现有的权利所包含，并且该利益在道德上具有相当程度的正当性，非以法律保护不足以实现公平正义，方应赋予权利之名。"❺ 简言之，生育保障权即是对生育保障利益的权利化。人们对生育保障的需求即产生所谓的生育保障利益，对生育保障之经济保障、健康保障、就业保障和公共服务保障进行权利化，可形成生育保障之经济保障权、健康保障权、

---

❶ 汪太贤. 论法律权利的构造 [J]. 政治与法律, 1999(5):11-15.
❷ Joseph Raz. The Morality of Freedom[M].Oxford: Oxford University Press,1986:166.
❸ 郑玉波. 民法总则（修订第10版）[M]. 台北：三民书局, 1996.
❹ 张文显. 二十世纪西方法哲学思潮研究 [M]. 北京：法律出版社, 2006.
❺ 陈彦晶. 发现还是创造：新型权利的表达逻辑 [J]. 苏州大学学报（哲学社会科学版）, 2017（5）:74-80.

就业保障权和公共服务保障权。从人类文明的演进和新型权利的兴起来看，生育保障权是进入生育友好型社会的代表性或标志性权利。从法学的角度来看，最根本的就是要对政府课以生育保障职责以及社会组织和个人的生育保障义务，维护好公民的生育保障权益。

生育保障权所指向的客体为生育保障利益。此处，从生育保障权四大权能的角度分析生育保障利益的具体内容。健康保障权主要对应的是医疗保险、孕期、产期、哺乳期的劳动保护；经济保障权主要指的是获得普惠层面的生育津贴以及特殊的贫困的家庭获得生育物质帮助的权利；就业保障权主要指的是妇女不受生育歧视，不因处于孕期、产期、哺乳期而被解除劳动合同；服务保障权，主要包括医疗保健服务和幼儿托管教育服务。正是基于生育保障利益权利化诉求，生育保障权构建便有了实践基础和价值，为后文的进一步论证奠定基础。关于生育保障权的构建及具体内容，本文第三章的内容将会详细阐述。

二、生育保障责任分担制度有违公平原则

（一）国家对生育社会价值重视不够

"两种生产理论"认为历史中的决定性因素分为直接生活的生产和再生产。生产可以分为两种：一种是生活资料的生产，如工具、衣服等；另一种是人类自身的生产，即人种的繁衍和延续。根据该理论，物质资料生产与人的再生产是彼此依存、相互关联的两类重要活动，女性的生育行为不仅关系到家族生命的进一步延续，更为国家增加劳动人口、创造社会价值作出重要贡献。国家是生育保障制度的制定者。产假制度、育儿假制度，为女性提供产前及产后假期，为照顾产妇及婴儿的男性提供假期，让女性能够得到较好的休息，为女性尽快恢复身体重回职场打下基础。婴幼儿也能得到良好的照顾，有利于孩子身心健康，促进良好的夫妻关系及亲子关系的建立。但是，产假的时间长短以及产假与陪产假时间相差较大，引起了广泛的争议。目前，产假的组成分为国家法定产假和地方自行增加的奖励产假。各地方自行增加的产假可视为各地方对女性生育价值的认同和重视，也可纳入女性生育福利的范畴。只是各个省份的产假奖励时间长短不一，虽然产假的增加受到了部分女性的欢迎，但是增加产假在实践中也引发了一些争议，如产假时间较短的省份女性的不满意度明显上升，较长的产假奖励有加剧女性职场性别歧视的嫌疑。与产假相比，全国男性陪产假平均天数约为16天。男性作为生育的另一方主体，时间过短的陪产假以及男性育儿假的缺乏使男性在养

育孩子的过程中的参与度与女性相比大大降低。撇开经济责任不论，男性分担育儿压力在时间上就难以保障。对企业而言，男性的用工成本相比于女性而言更低，企业的逐利本性致使其更愿意选择男性职工，此为生育保障具体制度的规定不合理加剧了职场性别歧视。

（二）社会组织轻视生育社会价值

产假是女性劳动者依法享有的最重要的生育保障权利之一。在怀孕、生产和哺乳阶段，女性基于生理特点和时间、精力安排等原因，势必会减少工作时间，增加对自身健康以及婴幼儿的时间和精力的投入。对于企业而言，会出现临时性岗位的空缺和填补的问题，给企业的运营以及人力资源的调配带来一些压力和支出。如需要额外花费时间和精力招聘新的员工，对新员工进行入职培训也会带来一定的成本。实践中，对追求利益最大化的企业而言，即使是在法律有明文规定的情况下，很多用人单位为了降低上述成本，减少支出，对孕期、产期和哺乳期女职工施加一定的压力，以女性职场发展前途作为代价，部分或全部剥夺了女职工应享有的权利如减少产假休息天数，而基于弱势地位的女职工，往往选择忍气吞声，被动接受。对于用人单位而言，除了女职工产假规定落实不到位以外，男性陪产假更加难以落实。不少用人单位存在着男职工请陪产假类比事假扣减工资的现象。实践中，很多男职工并没有享受到陪产假。究其原因，有以下几点：一是有关男性陪产假的规定的法律效力层级问题，我国关于陪产假的规定主要体现在地方各省市的立法文件如《人口与计划生育条例》中，尚无国家层面的立法规定，效力层级较低，权威性和强制性被削弱。很多用人单位基于自身利益的考量，并不愿意严格遵循；二是此种现象的发生原因之一是不少地方执法机构存在执法不严的问题；三是企业社会责任意识淡漠，很难意识到并尊重生育的社会价值。基于社会性别视角，男女平等是我国的基本国策，男性和女性都应该承担养育后代的责任，父亲在婴幼儿成长的过程中发挥着不可替代的作用，除了健康和谐家庭氛围的营造，更重要的是共同分担育儿压力，有利于女性更快回归职场，减少女性就业歧视现象的发生。陪产假规定的立法层次提升、陪产假时间长度的科学设置及其严格落实是尊重生育价值的重要体现。反过来，国家和社会良好的尊重生育社会价值的氛围会有助于生育友好型社会的建设，从而形成良性循环。

三、生育歧视司法救济制度供给不足

当女性在求职或者就职过程中受到了性别歧视对待时，通过法律途径去保护自己的平等就业权是必要的。目前，我国现行法律制度对就业性别歧视的消除已有规定，并发挥了一定的作用。不过，这些法律存有一定局限性，在消除就业性别歧视，保护女性群体平等就业权方面存在不足之处。

（一）非诉讼途径维权难

（1）求职女性无法启动劳动仲裁程序维权。依据我国《劳动争议调解仲裁法》第二条的规定，劳动者与其用人单位已经建立劳动关系或者具有事实上的劳动关系，这是劳动仲裁的前提条件。而在劳动力市场中，就业性别歧视情形常见于女性求职过程中。当在此阶段受到招聘单位的就业不平等对待时，女性群体无法启动该救济程序进行维权。

（2）行政部门在消除就业性别歧视方面的执法存在不足。依据《劳动保障监察条例》第十一条的规定和《关于实施＜劳动保障监察条例＞若干规定》第十六条的规定，关于禁止就业性别歧视行为的监察由劳动保障部门负责执行，劳动监察部门对此是否有监察权并未明确。此外，实践中就业性别歧视行为方式多样且不易被识别，而负责监察此类行为的部门还有其他较多的执法事务，且该部门的人力、财力等资源有限，不足以支撑现行执法范围。因此，负责监察的部门关于禁止就业性别歧视行为的执行力度不够。当然，各国在一定程度上都有执法资源缺乏的情形。如美国的一位执法官员曾说："……法律是不会被完全执行的，因为国会从来没有足够的金钱和人员来执行法律。"❶

（3）非政府机构在消除就业性别歧视方面的处理效果不理想。如《劳动法》《妇女权益保障法》等法律虽然规定了工会、妇联等非政府机构，可以接受受歧视女性群体对就业性别歧视行为的投诉，但是没有授予这些机构关于规制此类行为的公权力。即使这些机构确认相关用人单位存在就业性别歧视行为，也采用多种方式如约谈等来规范用人单位的行为。然而，这些规范措施不具有强制性，无法从实质上解决此类争议，对女性群体平等就业权的保护效果不理想。

（二）诉讼途径维权成本高

（1）受歧视女性作为原告，诉讼力量单薄。2018年12月，《最高人民法院关于增加民事案件案由的通知》（下文简称《增加民事案件案由的通知》）公开发布。该通知规定了平等就业权纠纷属于人格权纠纷，这就赋予了女性群体在其平等就业权受到侵害时选择直接诉讼的权利，而不必采用劳动争议中"一裁二审"

---

❶ 丹尼尔·奎因·米尔斯.劳工关系[M].北京：机械工业出版社,2000.

的救济方式，一定程度上减少了选择劳动法律救济的讼累。众所周知，现代企业大多拥有专门的律师团队，诉讼实力较强。并且法律并未明确规定将就业性别歧视争议纳入法律援助范围，原告得不到法律援助机构提供的救助和服务。即使原告提起诉讼，也会因为其诉讼力量单薄如法律文化素质不高、诉讼经验不足等，从而在法庭审理过程中处于不利地位，这将会使作为原告的受害者可能面临败诉的风险。虽然实践中也有单个受歧视女性向法院起诉取得胜诉的案例，如2014年"浙江就业性别歧视第一案"等，但是由于个案诉讼结果维护的只是起诉者个人利益，而不涉及女性群体平等就业权的保护，这对于社会公共利益受损状况之改善所起的作用较小。

（2）通过私益诉讼维权，受歧视女性付出的成本较高。2019年，广东省珠海市香洲区人民法院对樊女士提起的就业性别歧视诉讼一案进行审理，这是由"平等就业权纠纷"引发的案件在广东省的第一次司法实践。案件主要内容为：2019年2月，樊女士发现自己怀孕的当天就被公司通知离职。于是樊女士于2019年4月向法院提起诉讼，诉讼理由是物业公司知道其怀孕后，非基于工作岗位需要，就做出解雇决定，这严重侵犯了其平等就业权，法院经过审理于2019年10月末做出了一审判决。不过，目前该公司已上诉。通过分析该案件，可以发现，女性在提起私益诉讼的过程中，维权成本较高。首先，从原告4月起诉直至法院10月末才做出判决，诉讼时间有6个多月。且被告已经上诉，诉讼时间还要被拉长，时间成本再一次增加，这对于大多数女性来说会引起诉讼疲劳，消耗不起。其次，按照私益诉讼举证责任一般原则，原告要为自己提出的每一项诉讼请求进行举证，同时还要对损害事实和损害行为之间的因果关系进行举证等，女性在诉讼中必然要投入较多的诉讼精力，加之生活琐事也需要花精力解决，导致女性承受的压力较大，身心疲惫。再次，原告因忙于诉讼不仅无暇找工作，无法获得劳动报酬，而且要为诉讼花费较多金钱，如申请费、律师代理费、交通费、鉴定费等，这使女性在诉讼过程中所付出的经济成本较高。最后，在诉讼过程中，原告一直承受较大压力，可能会对其精神和身体造成不利影响，这对于原告来说得不偿失。比如此案中的樊女士不幸流产，这给她造成了较为严重的精神损害和无法挽回的损失。

（3）生育歧视行为具有隐蔽性，原告对此举证存在困难。2019年2月，人力资源社会保障部、教育部等九部门联合发布了一项《关于进一步规范招聘行为促进妇女就业的通知》政策性文件。该文件对女性在求职过程中遭受的生育歧视做了较为详细的规定，如不能询问女性是否单身或者生育情况，不可将妊娠测试作为录用之前体检的必要条件，不能将限制生育作为入职标准等。该政策性文件对实践中明显的生育歧视行为做了明确禁止规定，对用人单位的行为起到了一定的规范作用。但是，该政策性文件并未对具有隐蔽性的生育歧视行为进行规定。随着法律对就业性别歧视行为的规定逐渐明确，从实践中用人单位公开发布的招聘信息来看，性别歧视要求显而易见的逐渐减少。但是在观察一些现实情况之后，可以发现，多数用人单位为了规避直接违反关于禁止生育歧视行为的相关强制性规定，会从求职者投放的简历、面试过程中所填的相关表格或者面试交谈等方面，在所招聘岗位上对女性求职者进行排斥。对于这些具有较强隐蔽性的生育歧视行为，提起私益诉讼的受歧视女性很难对此进行举证。如果原告不能对自己的诉讼请求进行充分论证，其在法庭上陈述的案件事实就陷入真伪不明的状态，原告就有较大可能败诉。

本章小结

中华人民共和国成立以来，生育保障制度不断改革、发展和完善。从生育保障制度 70 余年的演变脉络可以发现：生育保障制度架构从多元分割到逐步整合，生育保障体系从分层到统一，生育保障对象从城镇职工到全民普惠，生育保障责任从个人缺位到多方负担，生育保障水平逐渐提高，管理体制从集体管理到社会化管理。纵观新中国成立以来我国生育保障制度历史演进，一方面生育保障从职业福利到公民权利，不仅是对妇女劳动就业权的保障，更体现了对妇女儿童健康权的重视和对生育社会价值的认同；另一方面，生育保障的支持体系和保障力度与国家人口政策以及对女性劳动力的需求密切相关。

站在历史的潮头进行总结，在探究生育保障法律制度具体实施状况的基础上，分析生育保障的实际需求，生育保障法律制度发展面临的挑战主要体现在以下三方面：生育保障利益多元化和权利化诉求亟需满足；生育保障责任分配制度有违公平原则；生育歧视法律救济制度供给不足。基于此，要着力建立健全完善的生育保障法治体系。在生育保障利益权利化基础上构建生育保障权，丰富生育保障权的内涵，满足权利人多元化的生育保障利益诉求，建立科学合理的生育保障责任分配制度，国家、社会组织和公民个人都应当承担应有的生育保障责任；尝试构建生育歧视公益诉讼制度，以弥补生育歧视法律救济制度供给不足的困境。本书的第三、第四、第五章将针对上述解决之道进行论述，除此之外，生育保障法律制度的构建还需要历经从微观、中观到宏观领域的完整和整合：应该补充和完善现行的生育保障法律制度，推进生育保障法律制度之间的衔接与配合以及促进生育保障立法体系的健全和完善，为生育保障改革提供坚实有力的法治保障，详细内容将在本书第六章予以阐述。

第三章　生育保障法律制度的权利基石——生育保障权

生育保障权概念的提出，是由生育保障的特殊性所决定的，是生育保险权。生育保障权是生育保障法研究的核心范畴，是解决生育保障法合法性问题的"权利基石"。然而，生育保障权到底是一种什么性质的权利，有没有构建的必要？是不是一种新型的权利，同人身权、财产权有什么关系？生育保障权的主体有哪些？如何对生育保障权进行保护和救济？本章将探讨生育保障权的证成、属性、主体和保护等一系列问题。

第一节　生育保障权利性质探讨

如果说权利的性质是作为一项权利所固有的、本质的属性，那么生育保障权到底是一种什么性质的权利呢？人身权？财产权？抑或是一项完全不同于人身权、财产权等传统权利的独立、新型的权利，属于权利领域的"革命"？尽管问一位法学家"权利是什么"，就像问一位逻辑学家一个众所周知的问题"真理是什么"那样使他感到为难，然而，这一问题毕竟是生育保障权研究不可回避而务必攻克的"堡垒"和"拦路虎"，为推进生育保障权理论研究和法治实践的健康发展，笔者尝试对"生育保障权的性质"这一理论基石问题进行学说的反思和法理的拓展。

一、人身权解释论质疑

鉴于生育保障同主体上的人身利益和人格权息息相关，是否可以试图从人身权的解释论角度来认识生育保障权。笔者认为，首先，生育保障权与人身权的权力构造完全不同。一方面，必须承认的是，生育保障权和人身权具有一定的关联性。生育保障权的核心内容为公民基于生育享有的经济保障权、健康保障权、就业保障权和公共服务保障权，这种权利是生命权、健康权等人身权实现和满足的前提和条件。事实上，没有经济保障、健康保障，人身权和财产权无疑是很难实现的，而就业保障权和公共服务保障权的实现，也将显著促进和提升人格尊严和福祉水平。另一方面，必须注意的是，生育保障权同人身权有本质上的区别。生育保障权的部分权能属于对人身权的具化。这是因为，二者的权利对象和权利客体有着本质的区别。人身权以人身利益为权利客体，生育保障权则以生育保障利益为权利客体。换言之，生育保障权的部分权能是传统人身权在生育保障领域的具体适用和发展而已。从制度创新的层面来看，顶多属于人身权的"改良"。

其次，二者的功能不同。毋庸置疑，生育保障权具有维护和增进人体健康的权能，或者说，生育保障权和人身权具有一定的功能重合性。但是生育保障权不仅指人类维持健康的权力。事实上，生育保障权以追求经济保障、健康保障、公共服务保障和就业保障等生育保障利益为权利客体，其权利的实现往往有利于人身利益的满足和增进。正如前文所述，由于在权利属性、权利功能等方面有着本质的不同，生育保障权是无法被人身权所全部包容或涵盖的，两者完全属于两项不同的权利，仅存在功能上的部分交叉性或竞合性。

最后，生育保障权具有社会性、共享性、公共性或公益性等典型特征，同人身权的个体性、独占性、私人性也有着本质的区别。这是因为，生育保障具有整体性和共同性，生育保障的缺失和不足往往具有公害性，权利受到侵害的往往是不特定的多数人群体，当然也是对社会利益或公共利益的侵犯。而人身权所具有的与人身不可分离性决定了人身权在本质上是个体性的而非公共性或社会性的。从权利的特征上讲，生育保障权可属于不确定多数人享有的社会性权利，而人格权则属于私人性权利。人格权与生育保障权的社会性和公益性的固有品格格格不入。

二、财产权阐释不足

生育保障权不仅与人格利益和人格权息息相关，与财产利益和财产权也有着紧密的关系。生育保障权有从国家获得物质帮助的内容，如经济保障权最典型的表现是权利人有权在产假期间获得生育津贴和医疗费用补贴，但是生育保障权的内容不仅限于此，还有健康保障权、医疗保障权和公共服务保障权衍生出来的具体内容。换言之，尽管作为生育保障权的权利对象的要素有财产价值，但生育保障权针对的并非仅仅只是财产价值。

尝试基于传统人身权、财产权试图在解释论框架内来认识和构建生育保障权,尽管也能在一定程度上阐释生育保障权的某些侧面,具有一定的意义。但在方法论上还存在一定局限性:其只能实现生育保障权的部分功能。既然在解释论框架下已无法认识和构建生育保障权,那么,是否需要超越传统权利理论的思维禁锢,采用革命主义的立法模式,直接构建一个新的权利——生育保障权呢?

第二节 生育保障权构建的必要性及可行性

同任何法律权利一样,生育保障权并非自古就有,而是随着经济社会的发展而历史地形成的。生育的重要性和保障的重要性并不意味着生育保障权的当然存在。正当利益不等于权利,一项新权利的证成除了利益或需求的正当性之外,还必须具备权利的可能性,即符合权利的特点,能够以权利的方式得到调整与保护;以及构建的必要性,即有成为独立权利的必要,非此不足以保护该利益。既然前述的人格权和财产权均无法完全解释生育保障权,那么生育保障权是否就是一项必须构建的新型权利呢?这就需要对生育保障权的构建进行理论上的证立:第一,对于生育保障利益,仅仅对人格权、财产权等现行权利进行改造,无法实现有效的保护,即生育保障权构建的必要性;第二,生育保障权是一项可法律化的"权利",具备法律权利生成的基本要素,即生育保障权构建的可能性和正当性。

一、生育保障权构建的必要性:从"改良"到"革命"

当前中国已经进入了低生育率和老龄化时代,生育保障不足已经成为严重影响中华民族伟大复兴的经济问题、民生问题乃至政治问题。逐渐增多的生育保障领域的纠纷越来越暴露出我国生育保障法治建设存在供给不足的问题,必须在制度上进行变革和创新。

从分类学意义上来看,法律制度可被分为权利制度、权力制度、义务制度、责任制度四大基本类型。然而,从总体上看,法律是以权利为本位的,权利是法律中最基本、最核心、最活跃、最能体现人性也是最能激发潜能的制度范畴,可以说,义务、权力、责任均是或直接或间接为权利(利益)服务的。具体而言,对于生育保障利益的保护,由于行政命令、行政许可、行政强制、行政处罚等行政权力制度的启用,在应然上须以生育保障行政法律关系相对清晰没有争议、生育保障行政相对人具体明确、生育保障违法行为信息对称,有确凿的证据支撑、有确定的规则依据，属于行政管辖范围，具有行政监管上的人财物的能力和实践保障等为前提条件。换言之，在生育保障利益的保护上，即使行政权力制度再怎么健全完善，也具有无法克服的局限性。此外，秉持谦抑原则的刑事责任制度，更不可能对生育保障利益提供全面、有效的保护。因此，要解决现行生育保障法律制度在生育保障利益保护上的供需失衡矛盾，最根本的只能从权利理论和权利制度的创新入手。

相对于传统部门法而言，生育保障法学的理论和制度创新主要体现在三个层面：具化、改良和革命。所谓"具化"，是指传统部门法的某些基本原理和制度规则同样可以适用生育保障法领域，只需因地制宜地进行专门、具体的细化即可，不必做实质意义上的调整或补充。例如，生育服务证办理和再生育证办理，其实就是将行政许可制度直接具化为生育行政审批制度。所谓改良是指将传统部门法的某些基本原理和制度规则直接用于生育保障法特定领域显得有些不适，需要在原有基础上进行适度的调整和改进，方能成为适用于该领域的理论和制度。所谓的革命是指即使将传统部门法的某些原理和制度做适度的改良也难以适用于生育保障法某一领域，只有进行革命性或颠覆性的根本创新，方能成为适用于该领域的生育保障法理和制度规则。

一如前文所述，生育保障权作为以生育保障利益为权利客体的权利，是一项在解释论框架下将人身权、财产权等传统权利无法解释的权利。生育保障权理论和制度的重大区别在于为传统部门法无法保护或者不足以保护的具有公共性和扩散性的生育保障利益提供特别的法律规则和法律保护。概言之，生育保障权解释论存在权利功能上的力不从心，无法有效保护生育保障利益。个人享有的生育保障权可以从现有的生存权、健康权和适当的生活标准中获得吗？这些权利显然与生育保障现状密切相关，因为它们的实现取决于生育保障的程度。

霍姆斯和孙斯坦曾郑重指出："在权利不被合理解释的地方，他们就能够鼓励不负责任的行为。然而，权利和责任其实很难被割裂，因为它们是彼此关联的。权利和责任之间有着多重的依赖关系，在本质上不可截然分开，那种所谓权利已经走得太远以致责任被忽视的说法，毫无信服力。"❶ 回望历史：在权利得不到强

---

❶ Stephen Holmes, Cass R.Sunstein.The Cost of Rights ,Why Liberty Depends on Taxes[M].New York:W.W.NORTON&Company,2000.

制执行的社会——也就是陌生人之间的掠夺行为大量存在的地方——是见不到社会责任的繁荣的。相反，历史证据无不表明，无权利是最有可能播下个体性乃至社会性的不负责任的种子的。在这种更具社会性的意义上，权利和责任远不是对立的。❶生育保障权的不受理解、尊重和保护，正是我国近年来生育保障权责任普遍不被履行的重要原因。

二、生育保障权构建的可能性：符合权利生成的基本条件

"什么是权利"是法理学最基本，也是最难回答的问题。对此，中外法学界均做出了诸多卓有意义的探索性研究。其中，影响最广泛、最具代表性、曾发挥主导作用的学说主要有资格说、主张说、自由说、利益说、法力说、可能说、规范说和选择说八种权利学说。然而，这些学说在本质上都只是从某一个向度和层次解释了"权利是什么"的命题，并没有回答"什么是权利"或"权利的构成是什么"，即权利的基本要素有哪些的问题。实际上，只有论证了一项事物具备了哪些要素方能被称为权利，这才是关键问题，自然也是我们论证是否有必要构建生育保障权的精义所在。

对于"什么是权利"的问题，中外学者前赴后继地进行了大量开创性的研究，霍菲尔德、葛洪义、夏勇、程燎原和王人博、北岳、舒国滢、吕世伦和文正邦、范进学、张恒山、文森特、黄建武等学者的主张颇有影响力（详见下页表）。此外，特别值得一提的是，霍菲尔德将狭义的权利（请求权）、特权（行为自由，如支配权）、权力（产生和改变法律关系的能力，如形成权、处分权）和豁免（免责权）都归于广义权利的范畴，并将权利的概念展开为由八个要素组成的"请求—义务""自由—无请求""权力—责任""豁免—无能力"四种法律关系，其对权利的全面阐释和深度解读极具启发意义。然而，十分遗憾的是，他并未对权利概念下一个一般性的定义，未能在根本上解决权利的本质是什么的问题。正如学者的质疑：尽管各不相同，为什么这四种具体权利类型却都被视为"权利"？这些据称都是合理地关涉"权利"的关系，那么将它们统合在一起的，潜在的原则（如果有的话）是什么？或者更粗略的说：能够一般性地说明拥有权利意味着什么吗？

---

❶ 张文显.法学基本范畴研究[M].北京：中国政法大学出版社,1993.

表 关于权利的要素和定义的主要观点

学者	权利的要素	权利的定义
葛洪义	个体自主地位、利益、自由、权利	国家对个体根据自己的意志谋求自身利益的自由活动的认可和限制,目的是确保一定社会政治经济条件下的个体自主地位的实现(法律权利)
夏勇	利益、主张、资格、权能(指权威和能力)、自由	以五要素中任何一种要素为原点,以其他要素为内容,给权利下一个定义都不错,关键就看强调权利属性的哪个方面
程燎原、王人博	自由意志、利益、行为自由	由自由意志支配的,以某种利益为目的的一定的行为自由
北岳	利益和正当(应得):利益的追求与维护、行为选择自由、正当性评价、国家和法律的保护和帮助	分为总括道德权利、习惯权利、法律权利。法律权利是指,主体为追求或维护利益而进行行为选择,并因社会承认正当而受法律和国家承认并保护的行为自由
吕世伦、文正邦	利益、行为自由、意志	人们为满足一定的需要,获求一定的利益而采取一定行为的资格和可能性
范进学	正当	权利就是正当的事物,义务则是应当的事物
汪太贤	利益、资格、自由行为和法律认可	法律权利是指一定社会主体享有的、被法律确认和保障的、并以一定自由行为表现和实现的正当利益
张恒山	利益追求、自由(选择和行为)、正当性、法律保护	法律主体为追求和维护某种利益而进行行为选择并因社会承认正当而受国家承认并保护的行为自由
[美]文森特	主体、正当性、主张、义务承担者、利益	权利拥有者可以根据某些具体原则理由,通过发表声明、提出要求、享有或强制性实施等手段,向某些个体或团体要求某种事物
黄建武	权利主体;权利的内容;权利客体、权利依据;法的强制力;义务人;义务人的义务	权利公式:A由于Y而对B有X的法律权利

依据权利的一般原理,并借鉴上述学者的观点,我们可将"权利"的核心要素概括为:主体资格、利益追求、正当性评价、行为自由(权能)对应的义务人、法律认可(可司法化)等几个方面。下面笔者尝试从这几个方面入手,对生育保障权的构建问题进行初步的论证。

(一)主体资格

"资格是权利条件,是对权利主体提出的具体要求。"[1] 说某人享有某项权利,首先意味着其具备相应的资格。正因如此,夏勇等诸多学者提出,可以从"资格"的角度来解释和认识权利。澳大利亚学者麦克洛斯基(H.J.Macloskey)指出:权

---

[1] 汪太贤.论法律权利的构造[J].政治与法律,1999(5):11-15.

利是去行动、去索要、去享有、去据有、去实现的一种资格。权利就是有权行动、有权存在、有权要求。❶ 英国著名法学家米尔恩（A.J.Milne）的论断更直截了当："权利概念之要义是资格。说你对某物享有权利，就是说你有资格享有它，例如，享有投票……的权利。"❷

生育保障主要是指国家针对女性生育行为、生育特点，通过国家强制手段征集生育基金，为怀孕和分娩的妇女及时提供经济帮助及其他服务，保障其基本生活和健康，确保妇女、儿童权益及社会人口再生产的一项社会保障。生育保障是公共物品，既具有共同性，又具有非排他性。因此，以生育保障为权利对象的生育保障权也具有相应的公共性或者可共享性，只要是中华人民共和国公民，便应享有生育保障权的资格。换言之，生育保障权的主体资格是开放和不特定的，其权利主体具有明显的不确定性。尽管生育保障权确实具有一定的公共性或者可共享性，但生育保障权却是可以为个人单独享有，同时也是可以为个人行使的。

（二）利益追求：具有主体直接追求的生育保障利益

"利益是权利的灵魂，也是解开权利之谜的钥匙。"❸ 权利总是指向一定的客体，追求一定的利益，如经济利益、社会利益、政治利益等。权利的意义重心不在于他人履行义务满足了权利人权益而是权利人的利益构成了让他人承担义务的证立理由。❹ "所谓权利客体，乃权利人依其权利所得支配之社会利益之本体。"❺ 法学家罗斯科·庞德认为："利益是人们，个别地通过集团、联合或关系，企求满足的一种要求、愿望或期待。"❻ 依此而言，人们对良好生育保障的需求即产生所谓的生育保障利益。进言之，生育保障权即是对生育保障利益的权利化。人们对生育保障的需求即产生所谓的生育保障利益，对生育保障之经济保障、健康保障、就业保障和公共服务保障进行权利化，可形成生育保障之经济保障权、健康保障权、就业保障权和公共服务保障权。从人类文明的演进和新型权利的兴起来看，生育保障权是进入生育友好型社会的代表性或标志性权利。从法学的角度来看，最根本的就是要对政府课以生育保障职责以及雇主和家庭（个人）的生育保障义务，维护好公民的生育保障权益。

---

❶ 夏勇.人权概念的起源——权利的历史哲学（修订版）[M].北京：中国政法大学出版社,2001.
❷ 米尔恩.人的权利与人的多样性——人权哲学[M].夏勇，张志铭，译.北京：中国大百科全书出版社,1995.
❸ 汪太贤.论法律权利的构造[J].政治与法律,1999(5):11-15.
❹ Joseph Raz. The Morality of Freedom[M].Oxford: Oxford University Press,1986.
❺ 郑玉波.民法总则（修订第10版）[M].台北：三民书局,1996.
❻ 张文显.二十世纪西方法哲学思潮研究[M].北京：法律出版社,2006.

生育保障权所指向的客体为生育保障利益。此处，从生育保障权四大权能的角度分析生育保障利益的具体内容。健康保障权主要对应的是医疗保险、孕期、产期、哺乳期的劳动保护；经济保障权主要指的是获得普惠层面的生育津贴以及特殊的贫困的家庭获得生育物质帮助的权利；就业保障权主要指的是妇女不受生育歧视，不因处于孕期、产期、哺乳期而被解除劳动合同；服务保障权，主要包括医疗保健服务和幼儿托管教育服务。

（三）正当性基础：肯定生育保障的价值和意义已被社会广泛认可和积极实践

"正当是一种社会性评价或社会性态度"，意味着社会对某种行为的赞同和认可是具有"民心的"。❶ 正当性是权利的各种属性或要素中共同的最本质特征，其他各种要素不过是对权利这一"正当性事物"的不同角度、不同层面、不同领域的具体表现形式，它们基本上都属于正当性所派生的下位概念。❷ 新型权利的基础在于道德实践，欲证成一项新型权利的存在，并最终被确认为一项法律权利，务必论证该权利作为公德权利的正当性。❸ "需要有充分说服力的道德理论来解决社会所面临的分歧，它帮助理性的人去分析决定哪些声称的权利是真正的权利。"❹ 按照威尔曼关于"只有在特定的行动和回应实践中体现了社会品行标准的时候，才能够说这个社会拥有实在的公德"的理论，❺ 我们可以从以下两个方面来论证生育保障权正当性上的公德基础：

（1）生育保障已经获得从立法到实施上的普遍实践。对此，可以从生育保障的立法和实践证明之。新中国成立以来，生育保障立法逐步完善，生育保障制度架构从多元分割到逐步整合，保障体系从分层到统一，保障对象从城镇职工到全

---

❶ 赵汀阳认为："民心是制度合法性的真正理由和根据，而民主只是企图反映民心的一个技术手段。"赵汀阳. 天下体系：世界制度哲学导论 [M]. 北京：中国人民大学出版社, 2011.
❷ 范进学. 权利概念论 [J]. 中国法学, 2003(2):15—22.
❸ 陈彦晶. 发现还是创造：新型权利的表达逻辑 [J]. 苏州大学学报（哲学社会科学版）, 2017(5):74—80.
❹ 卡尔·威尔曼. 真正的权利 [M]. 刘振宇，等译. 北京：商务印书馆, 2015.
❺ 威尔曼认为，能够作为权利基础的是公德，其在本质上是社会性的。这种社会性体现在三个维度上：其一，只有在其预设的品行标准在社会中获得普遍实践的时候公德才是存在的。当然，其他社会可能拥有完全不同的实践惯例，或者在一个多元化的社会中，并没有被广泛共享的此类实践惯例。其二，当某人遵从或违背这一被广泛接受的品行标准之时，社会上的绝大多数其他成员在绝大多数情况下会对其进行肯定性或否定性的回应。尽管其他成员的回应可能采取相近的模式，但这些回应并不会对特定社会的公德本身的存在或内容产生影响。其三，行动和反应的实践惯例经由社会考量而具有正当性。[美]卡尔·威尔曼. 真正的权利 [M]. 刘振宇，等译. 北京：商务印书馆, 2015.

民普惠，保障责任从个人缺位到个人负责到多方负担，保障水平逐渐提高，管理体制也从集体管理转向社会化管理，前面章节已有述及，不再赘述。

（2）在中国社会，社会民众认同生育价值，热切关注生育保障制度的发展和改革，反对和唾弃对生育污名化的行为。2016年"二孩"政策的放开，无疑是对人口发展规律与公民生育权利的顺应。但在落地的过程中，某县第一高级中学校方向全体教师下发的内部文件载明：鉴于学校女教师人数较多，涉及的教育教学工作面大，如果不计划生育，难免会造成学校各项工作无法进行，为使学校各项工作正常开展，只有施行有序生育。文件明确规定了各个学科可以怀孕二胎的教师名额，2016年上半年和下半年分别为15名和16名。❶ 此事一出，立刻引起网民的热烈讨论，网民纷纷谴责学校的荒诞行为，也引发了关于生育保障的责任分担的理性探讨。"绝大多数社会成员在绝大多数情况下会依照社会风俗的要求来行动，并且必须致力于实现那些值得称赞的理想品德。此外，当有人违反风俗或未能实践理想品性之时，绝大多数社会成员在绝大多数情况下都会对其进行否定性的回应；而当有人实践了这些超越义务召唤的行为或将理想品性提升到了非同寻常的高度之时，绝大多数社会成员在绝大多数情况下都会对其进行肯定性的回应。"❷ 对生育价值的认同，马克思主义人口理论的一个基本观点是，人口再生产不仅是社会生产的重要内容，还与物质再生产共同决定着历史的发展。生育不仅具有物质资料生产所不能替代的社会价值，还是物质资料再生产得以不断进行的条件。生育后代不仅是个人选择，更是对社会尽责任，费孝通把养育孩子看作是"一件极其重要又极根本的社会事业"❸。生育保险制度及产假制度的立法目的均在于确保参保妇女在生育期间的生活维持和健康养护，维持社会人口再生产。在理论的教化、立法的逐步完善以及生育保障实践发展的共同作用下，社会民众对生育保障制度的完善和发展都抱有极大的期望。

（四）行为自由（权利内容）：可自由进入

法谚云："权利是法律允许的自由。"如果说利益是权利的"灵魂"，那么自由就是权利的"血液"。法国的《人权宣言》第五条对自由做了经典的诠释："凡未经法律禁止的一切行动，都不受阻碍，并且任何人都不得被迫从事未经法律命令的行动。"自由行为是利益的表现形式和实现方式，是指权利主体可以自主地

---

❶ 光明网评论员.我们需要一场对生育行为的正名行动.[EB/OL].[2016-04-03].http://www.wyzxwk.com/Article/shehui/2016/04/361246.html.
❷ 卡尔·威尔曼.真正的权利[M].刘振宇，等译.北京：商务印书馆,2015.
❸ 费孝通.生育制度[M].北京：生活·读书·新知三联书店,2014.

选择自己的行为，包括按照自己的意志去作为或者不作为以及要求他人作为或者不作为。生育保障权所包含的自由意志有以下几点：对于危害生育保障利益的行为，生育保障权人可通过基于生育保障权效力所派生的请求权，请求侵害生育保障权益的主体停止侵害，请求国家机关启动或停止某一国家行为，如请求制定生育保障立法、出台国家规划等，请求有关政府部门切实履行生育保障监管的法定职责，以保护其生育保障权益。其中，生育保障知情权，体现为生育保障信息获取请求权和生育保障参与权，体现为生育保障行政参与请求权，就是为了保护和实现生育保障权而派生的权利。不过，某些自由应当受到条件和程序上的限制和约束，如不得危害国家和社会公共利益、不得违反国家规定等。

（五）义务承担者：个人、组织、国家等均须承担生育保障义务

权利属于关系范畴，体现的是权利人与义务人的关系。"权利构造的本质在于，法律（或道德）保护或促进某人利益，以对抗特定人或一般地对世，手段是课与后者以义务、无能力或责任（依保护需要而定）。"❶ 如果权利人行为自由的行使和利益的实现，完全不需要他人承担相应的义务（积极义务与消极义务）作为条件或予以配合的话，则这项自由和利益根本上没有上升为一项权利的必要，因为其不需法律保护就可自己实现。"由事物之本性所决定，法律不可能在使某个人受益的同时，不让他承受负担。或者换句话说，除非为另一个人构建相关的某种义务，法律不可能为某人构建权利。"

义务可分为非法律义务，如道德、宗教和习惯等意义上的义务和法律义务，法律义务是设定或隐含在法律规范中、实现于法律关系中，主体以相对抑制的作为或不作为的方式保障权利主体获得利益的一种约束手段。❷ 或者说，法律义务是"特定的法律关系主体通过或者根据法律规范被要求从事特定的行为即作为、容忍和不作为"。❸ 对生育保障权人而言，凡是可能对生育保障构成不良影响的主体都须承担相应义务。

具体而言，在义务主体的范围上，既包括个人和企业，还包括政府及其职能部门，以及肩负生育保障制度建设的国家等。在义务的性质上，包括民事义务（包括对世义务和对人义务）、行政义务（包括行政主体义务和行政相对人义务）和

---

❶ Neil MacCormick. "Rights in Legislation",in P.M.S.Hacker and Joseph Raz(eds.).Law,Morality and Society:Essays in Honour of H.L.A.Hart[M]. Oxford: Oxford University Press,1977.
❷ 张文显.法理学[M].3版.北京：高等教育出版社,2007.
❸ 汉斯·J.沃尔夫，奥托·巴霍夫，罗尔夫·施托贝尔.行政法（第1卷）[M].高家伟，译.北京：商务印书馆,2002.

宪法义务（包括国家的积极义务和消极义务，公民和单位的基本义务）。在义务的层次上，包括尊重的义务（如国家、企业和自然人不得侵害生育保障权的义务）、保护的义务（如政府查处违法行为、人民法院通过司法裁判维护生育保障权益的义务）、促进的义务（如政府公开有关生育保障信息，提供相关指导的义务，政府和律师事务所提供生育保障法律援助的义务等）和实现的义务（如政府采取措施）。譬如，《津巴布韦宪法》第四十四条规定："国家和每个人，包括法人以及每个层级的国家机构，必须尊重、保护、促进和实现本章规定的各项权利和自由。"在义务的行为模式上，包括预防义务，即损害预防义务和风险预防义务、填补义务，即采取措施对权利损失和损害进行填补、改善义务，采取措施改进和提高生育保障水平与合作义务，即相互配合，共同参与生育保障。需要强调指出的是，生育保障权主体与生育保障义务主体之间并不存在如霍费尔德关于基本法律关系（包括相反关系和相关关系）所分析的那样一一对应的明确法律关系，❶生育保障权是由"一组"或"一簇"义务加以保障的，且生育保障权主体与义务主体之间的法律关系往往既不直接，也不明确。

当然，义务还牵涉做不做某事是否正当的问题。"如果你有义务做v，那么，不做v就是不正当的；如果你有义务不做v，那么，做v就是不正当的。"❷因此，对个人和企业课加保障生育的普遍义务，务必考虑特定社会的经济条件、技术水平和承受能力等多种因素，按照合比例原则、可行性原则、合理性原则和灵活性原则等进行配置。

（六）可法律化（核心是可司法化）：可被法律确认和保护，具有司法上的可诉性

"法律认可这一要素对权利是至关重要的。它的主要作用不仅仅是使某一权利获得一个法律上的名分，而是使这一权利获得法律能量，更有权威和保障。"❸即，当权利受到侵害时，能受到法律保护，可得到司法的救济。正如孙国华教授所言，法是力与理的结合。❹由于权利属性的不同，人们通常所言说的权利，实际上有自然权利、道德权利、习惯权利和法律权利之分。换言之，如果只具备了前述五项条件，只能说生育保障权是一项自然权利或道德权利。一项新型的利益

---

❶ 霍费尔德.基本法律概念[M].张书友，编译.北京：中国法制出版社，2009.
❷ 尼尔·麦考密克.法律制度：对法律理论的一种解说[M].陈锐，王琳，译.北京：法律出版社，2019.
❸ 汪太贤.论法律权利的构造[J].政治与法律，1999(5):11-15.
❹ 孙国华，朱景文.法理学[M].2版.北京：中国人民大学出版社，2004.

或非法律权利要上升为法律权利必须具备可诉性或可救济性，正所谓"无救济，即无权利"。换言之，只有生育保障权进一步被法律确认和保护，可司法救济或具有可诉性，包括民法上的可诉性、行政法上的可诉性和宪法上的可诉性，其才能称得上是一项法律权利。实际上，我国许多以生育保障公益诉讼名义的案例，本质上就属于生育保障权诉讼。换言之，生育保障权的私法化或可诉性根本不是问题，本文第五章将会详细论述生育保障权公益诉讼的现状和发展，在此仅做上述简单总结。

生育保障权概念的提出，是由生育、生育问题和生育保护的特殊性决定的，是传统权利应对生育保障问题捉襟见肘而不得不进行的理论创新和制度变革。事实上，生育保障权符合主体资格、利益追求、正当性、行为自由、义务承担者、可司法化等权力生成的基本要素，完全具备构建的正当性和可能性。

第三节 生育保障权的内涵

美国著名法学家博登海默曾指出："概念是解决法律问题所必需和必不可少的工具。没有限定严格的专门概念，我们便不能清楚地和理性地思考法律问题。"❶生育保障权到底是一项什么样的新型权利？为推进生育保障权理论研究和法治实践的健康发展，本节尝试对生育保障权的基本内涵和属性特征等问题进行专门探讨。

一、实体权利：经济保障权、健康保障权、就业保障权、公共服务保障权

"没有社会的安定，就没有社会的发展；而没有社会保障，就没有社会的安定"，❷这句国际劳工组织向人类社会提出的警示，客观地描述了社会保障在人类社会特别是现代文明国家维持和谐与发展中发挥着举足轻重的作用。生育保障权，作为社会保障权的有机组成部分，应首先充分彰显其内在的权利价值，反映公民切身权益的权利内容。

生育保障可向女性提供孕产妇保健，降低女性所面临的生育风险，并向女性提供带薪产假，使新生儿母亲可于产假期间获得现金福利作为替代收入，以保障新生儿母亲及其家庭的收入安全。生育保障是促进母亲及儿童健康、营养、福祉

---

❶ E.博登海默.法理学——法律哲学与法律方法[M].邓正来,译.北京:中国政法大学出版社,1999.
❷ 国际劳工局.展望二十一世纪:社会保障的发展[M].北京:劳动人事出版社,1988.

的主要手段，而且机制设计合理的生育保障制度还有助于帮助就业女性更好地平衡工作与家庭照护责任，成功将女性的生殖与生产角色有机结合，防止因女性的生殖角色在工作中受到不平等的待遇，促进就业市场的性别平等。生育保障是载于《世界人权宣言》等世界主要人权文书的一项基本劳动权利，"提供儿童福利和产妇保护"被列为国际劳工组织的核心目标和宗旨(Declaration of Philadelphia, 1944)，国际劳工组织已制定多项产妇保护国际标准———《产妇保护公约》(1919年第3号、1952年第103号和2000年第183号)。基于国际劳工组织的标准，目前几乎所有的国家均已通过产妇保护立法确立生育保障制度。为更好地发挥生育保障的多方面作用，近年来各国生育保障制度设计不断改革完善。为积极应对人口老龄化给社会经济带来的多重挑战和风险，我国卫生计生委于2017年发布《"十三五"全国计划生育事业发展规划》明确提出积极构建"生育友好型"社会。生育保障是构成"生育友好型"社会的核心内容。

前已述及，生育保障权，从字面上理解就是获得生育保障的权利，生育保障权即是对生育保障利益的权利化。人们对生育保障的需求即产生所谓的生育保障利益，对生育保障之经济保障、健康保障、就业保障和公共服务保障进行权利化，可形成生育保障之经济保障权、健康保障权、就业保障权和公共服务保障权。从人类文明的演进和新型权利的兴起来看，生育保障权是进入生育友好型社会的代表性或标志性权利。从法学的角度来看，最根本的就是要对政府课以生育保障职责以及企业和个人的生育保障义务，维护好人们的生育保障权益。从生育保障权四大权能的角度分析生育保障利益的具体内容。健康保障权主要对应的是医疗保险、孕期、产期、哺乳期的劳动保护；经济保障权主要指的是获得普惠层面的生育津贴以及特殊的贫困的家庭获得生育物质帮助的权利；就业保障权主要指的是妇女不受生育歧视，不因处于孕期、产期、哺乳期而被解除劳动合同；服务保障权，主要包括医疗保健服务和幼儿托管教育服务。综上，本文认为生育保障权是指个人为抵御生育带来的社会风险，依据国家立法普遍享有的请求国家和社会给予维持其生存与基本生活需要的物质帮助及社会公共服务的基本社会权利。

从生育保障权的概念中我们可以得出该权利的以下特点：①生育保障权的权利主体是每一位公民，是没有身份差别的全体社会成员。②生育保障权的实现是有前提的，只有在特定条件满足的情况下才能行使。③生育保障权的义务主体主要是国家，国家有责任采取立法、行政、司法等手段保障公民生育保障权的实现，除国家之外，义务主体还包括法人与其他组织、个人。④生育保障权从总体上看是一个权利束，它由多种具体的权利组成，权利的内容会随着社会的不断发展而变化。⑤国家对生育保障权的实现是有限度的，受制于国家经济发展和分配制度的安排，目前只能满足公民基本的生活需要，未来还有较大的发展空间。

既然社会保障权是由多种权利构成的权利束，其内容可以从实体和程序两方面来看。实体上，依据保障对象的不同可分为：①生育保险权，指公民因生育等原因暂时或永久地失去劳动能力或劳动机会，导致其没有正常生活来源时，依照国家的社会保险制度在依法履行缴费义务后，有从国家和社会获得特定金额的物质帮助权利。②生育救助权，指公民因生育原因难以维持其最低生活水平时，有权要求国家依照法定程序和标准向其提供保证其最低生活水平的资金、实物等物质帮助和社会服务的权利。③生育福利权，指公民享有由国家和社会提供的各种公共福利设施、社会服务、补助以及举办集体服务事业，旨在提高社会成员生活水平、生活质量的各方面社会公共服务的权利。

生育保障的实体内容根据保障内容的不同分为：健康保障权、经济保障权、就业保障权、公共服务保障权。各项权利具体内容在本书第一章第二节有详细阐述，不再赘述。

二、程序性权利：生育保障请求权、受领权、利益处分权、救济权

程序上，生育保障权的内容可分为：①生育保障请求权，即公民向国家及其授权的社会保障机构请求给予社会保障利益的权利，如提出申请。②生育保障受领权，即公民依法享有领取生育保障利益的权利，如领取生育津贴等。③生育保障利益处分权，即公民有决定是否接受生育保障利益和自主支配所得生育保障利益的权利。④生育保障救济权，即当公民的社会保障权益遭受不法侵害（积极侵害）或者义务主体不履行保障义务时（消极侵害），有请求立法机关、行政机关、司法机关或其他组织如仲裁机构、妇联组织依法给予保护和救济的权利，如行政复议、司法诉讼、劳动仲裁等。

第四节 生育保障权的规范性要素与非规范性要素

社会保险权的定义应当包含社会保障权应该或实际具备的诸种要素。这些要

素依其是否包含权利、义务内容可以分为规范要素和非规范要素，规范要素是生育保障权包含的法律权利、义务要素，非规范要素是生育保障权包含的制度要素。社会保险权的内涵是其规范要素与非规范要素的有机结合。

一、生育保障权规范性要素

（一）权利主体

权利可归属于谁，或者权利的主体范围如何确定，是权利理论最为基础的问题。现代法学理论是人类经过数百年对法律科学进行不懈探索、不断甄别、实践检验、修正完善而被广泛接受成为主流学说的重大理论成果。尽管生育保障属于社会保障法领域非常特殊的领域，但我们仍坚持主流法理学理论的指导，坚持以法学规范来研究、解决生育保障法的理论问题。正如王轶教授所言，要尊重法学传统，除非有足够充分且正当的理由，否则，不能改变或颠覆关于法律权利主体的经典法学理论。[1] 对此，马克思·韦伯早就警示我们："一个事物若是失去了传统价值意义系统的支持，就很容易陷入合法性危机。"

要准确界定生育保障权主体的范围，至少首先必须明确以下几点：

（1）明晰生育保障权的内涵。即所说的生育保障权到底是什么权利，是无所不包东拼西凑的"大杂烩"，还是价值明晰、逻辑严密、内涵清晰的精确概念。换言之，只有明晰了生育保障权的内涵所指，才能准确探究生育保障权的主体。这也是本文将生育保障权的概念置于生育保障权主体之前进行探讨的根本原因所在。

（2）明晰法理上权利主体的构成要件，所主张的生育保障权主体是否满足该构成要件。根据传统法学的经典原理，任何事物要成为生育保障权的主体至少必须满足两个条件：一是具有追求生育保障利益的驱动力，即具有对生育保障利益的内在需求；二是具有相应的法律资格，即具备相应的权利能力（拥有意识或理性）。依此而言，只有人才能成为生育保障权的主体。

（3）区分生育保障权主体和生育保障权行使主体等近邻概念。依此而言，国家和社会组织不是生育保障权的主体，但可以成为生育保障权的行使主体（受托主体）。

（4）具有主体资格构建的必要性和可行性。即把某一事物增设为生育保障权

---

[1] 王轶. 对中国民法学学术路向的初步思考——过分侧重制度性研究的缺陷及其克服 [J]. 法制与社会发展, 2006(1):87-97.

主体，必须具有现实意义和可操作性。

综上所述，生育保障权的主体仅限于公民（自然人），企业、社会组织、国家等都不是生育保障权的主体。要注意的是，国家和社会组织虽不能成为生育保障权的主体，但经法定信托或意定委托，可作为受托人成为生育保障权的行使主体。譬如，通过法定诉讼信托，某些社会组织如妇女联合会可以成为生育保障权人的诉讼信托人，直接提起生育保障公益诉讼。需要探讨的问题是，权利主体是否仅限于劳动者，是否仅限于本国公民，是否仅限于本人，本文后续章节会有详细阐述。

（二）义务主体

国家义务是生育保障权最主要的义务，指参加生育保障关系、承担生育保障义务的国家、机构和组织（法人）及公民（自然人）。生育保障法律制度是通过国家立法建立起来的，国家（国家机关）是最主要的义务主体，社会组织（主要是用人单位）基于社会责任应承担一部分义务，如缴纳生育保险费的义务。公民个人作为生育利益的直接享受者，本着责、权、利相统一的原则也应承担相应的义务。

（三）权义客体

生育保障权利和生育保障义务所指向的对象，可以归结为生育保障利益，既包括物（货币），也包括行为（服务），经济保障权主要体现物质保障，就业保障权、健康保障权、服务保障权则更多的体现为行为（服务）。

（四）权利内容

生育保障权权利内容指的是权利主体享有的权利项目和类型。生育保障权是一个"权利束"，是一组权利。前文已述及，实体内容包含了经济保障权、就业保障权、医疗保障权和服务保障权；从社会保障类型上看，亦可分为生育保险权、生育福利权、生育救济权等权项；从具体的程序性权利的类型上看，包含了参加权、请求权、受益权等几类。

二、生育保障权非规范性要素

生育保障权的非规范性要素主要有两点：一是生育保障的制度目标，着眼于维持和保障生育主体有尊严的基本生活并促进其发展；二是社会风险形态。即因生育的发生产生一系列的健康风险、经济风险等。

以上诸要素中，规范要素是其核心要素，没有规范要素，生育保障作为一种制度存在尚可，但生育保障权作为一种权利便徒有其名。因此，认识生育保障权必须要从规范的权利—义务关系，尤其要进一步从基本权利—国家义务关系出发，才能对其概念进行清晰的界定，对其性质和结构做出规范的分析，对其保护和实现做出科学的安排。

基于以上简要分析，我们可以把生育保障权定义为：公民因怀孕、生育、哺乳而面临健康风险和经济风险，为维持有尊严的基本生活并不断发展，依法参加国家安排的生育保障制度，从中主张和获得生育保障权益的权利。

第五节 生育保障权的属性

生育保障权的实现有赖于其从属不同的法律规范，既有国际法规，又有国内法规，其中，国内法又可分为宪法意义的规范和普通法性质的规范。不同的法律规范导致生育保障权的权利属性不同，本文将从三个层面对生育保障权的权利属性进行探讨：在道德层面，生育保障权是国际法上的基本人权；在法律层面，生育保障权是法定的宪法权利；在现实层面，生育保障权是具体的法律权利。

一、国际法上的基本人权

人之为人的前提是享有权利，米尔恩认为："没有权利就不可能存在任何人类社会，无论采取何种形式，享有权利乃是成为一个社会成员的必备要素。"[1] 人权就是从人的本性中衍生出来的，它是人作为人依其自然属性和社会本质所应当享有和实际享有的权利,[2] 体现的是对人的尊严和价值的尊重。生育保障权在应然状态下体现出公民维持其作为"社会人"所享有的生存和发展的正当诉求，保障着全体社会成员最基本的物质存在和道德尊严。

生育保障权成为一项公民的基本人权，其缘由主要有以下三点：首先，满足人对安全和尊严的基本需要。生育保障权不仅保护公民的生存，维持其衣食住行等生理需求，而且保障公民的安全和尊严，为全社会成员提供基本的安全感和满足感。其次，它是人类在市场经济条件下保障公民生存和发展的一项重要权利，是公民享有各种权利和自由的逻辑前提。生育对女性的身体伤害很大，生理上的伤害和心理的压力并存。生育后需要调养身体和哺育后代，在一段时间，无法像

---

[1] A.J.M. 米尔恩. 人的权利与人的多样性——人权哲学 [M]. 夏勇, 张志铭, 译. 北京：中国大百科全书出版社, 1995.
[2] 李步云. 法理学 [M]. 北京：经济科学出版社, 2001.

未生育女性一样正常参加工作，获取收入，影响个人的经济收入。因此，生育保障权只有确保当公民在生育时面临身体健康风险和经济收入风险的时候，不因此风险而影响其基本生活，公民才有可能有尊严地生存并享受权利和自由，获得个人发展的机会。最后，它是一项独立的、得到国际人权公约确认的基本人权。从生育保障人权公约的有关规定来看，《世界人权宣言》（1948年）、《联合国消除对妇女一切形式歧视公约》（1979年）、《联合国儿童权利公约》（1989年）、《北京宣言》和《行动纲领》（1995年）、《国际劳工组织关于女工机会与待遇平等宣言》（1975年）、《国际劳工组织关于工作中基本原则和权利宣言及其后续措施》（1998年）以及旨在保证男女工人机会与待遇平等的国际劳工公约与建议书的条款，特别是1981年有家庭责任工人公约的条款，《产妇保护公约》（1919年第3号、1952年第103号和2000年第183号）均对生育保障的相关内容做了详细规定：其明确表明女工的处境和需要提供妊娠保护，这是政府和社会的共同责任，基于国际劳工组织的标准。目前几乎所有的国家均已通过产妇保护立法确立生育保障制度。从这些国际人权规范中可以看出，国际社会是普遍认可生育保障权作为世界公民的一项基本人权。

二、宪法上的公民基本权利

公民的基本权利是指由宪法或其他宪法性文件所确认的，作为公民所享有的、不可取代的、还能派生出其他权利的那些权利。❶这些基本权利之所以是基本的，在于它们是作为社会人的本质的基本构成要素，❷是公民在国家和社会生活中必不可少的重要权利。因此，生育保障权作为宪法上的公民基本权利，主要从以下几方面来体现：首先，生育保障权具有宪法性。宪法及其他宪法性规范明文规定，并对公民具体的社会保障权进行了一般性的概括。生育保障权作为社会保障权的子权利，其内容被囊括在了社会保障权内容之中。其次，生育保障权是不可或缺的。随着社会化大生产的高速运转和由此带来的一系列的负面效应，使得个人单凭其力量无法抵御现代工业化和城市化的生存风险和生活灾难。生育不仅具有物质资料生产所不能替代的社会价值，还是物质资料再生产得以不断进行的条件。一方面，生育作为社会生产的重要方式，为社会经济发展做出了巨大贡献。人口是一个民族和国家实力与竞争力的源泉，生育为未来经济社会发展注入

---

❶ 李龙.宪法基础理论[M].武汉：武汉大学出版社,1999:310.
❷ 肖泽晟.宪法学——关于人权保障和权力控制的学说[M].北京：科学出版社,2003:156.

人力资源和人力资本动力。在经济贸易全球化、物质资源相互流动、知识技术与制度与时俱进的今天，教育、人口素质和人均人力资本差异在不断缩小，人口实力（包括数量、质量和结构）成为决定一个民族与国家竞争力和未来发展的重要因素。因此，生育后代不仅是个人选择，更是对社会尽责任。另一方面，人口再生产作为新的劳动力来源，为市场提供必需的劳动力。人们通过生育创造新生命，为物质再生产提供劳动力资源。如果没有人口再生产，物质资料再生产会因缺少劳动力而日渐枯竭。国家有责任通过宪法将生育保障权变为基本权利，以保证公民的生存权得以实现。再次，生育保障权具有普遍性。生育保障权必须由没有身份差别的全体社会成员普遍所有。最后，生育保障权是不可替代的。它的价值在于专门保障因生育而引发的人的生存、发展和人格尊严保障，这种特有的价值不同于其他权利的价值，不能被其他基本权利所取代。生育保障权关系人最本质的需求，如果将其仅仅停留在应然的人权状态而未转化为实然的法定权利，未通过国家行为转变成公民切身的现实权利，那么公民的生育保障权很难实现。因此，现代各国，无论是发达国家还是发展中国家，大多都以宪法的形式将生育保障权确定为公民的基本权利。我国于2004年《宪法》修正案第二十三条规定：《宪法》第十四条增加1款，作为第四款：国家建立健全同经济发展水平相适应的社会保障制度，《宪法》第四十五条规定："中华人民共和国公民在年老、疾病或者丧失劳动能力的情况下，有从国家和社会获得物质帮助的权利。国家发展为公民享受这些权利所需要的社会保险、社会救济和医疗卫生事业。"

三、普通法上的现实法律权利

哈特指出："拥有一项权利意味着拥有限制他人的自由和决定他人应该如何行为的道德正当性。"❶ 作为道德权利的生育保障权，其不仅要求国家承担福利给付的责任，同时也设定国家通过具体法律确认和保护该权利不被侵犯的义务。即，生育保障权的实现，既需要防范来自国家的侵犯，在很多时候也需要国家的积极作为。事实上，生育保障权的主要实现方式之一正是国家生育保障义务的积极履行。倘若公民只能以道德或宪法权利来获得国家的福利给付，却无具体可操作的法律权利实施保障，这将导致国家或其他公民对该权利肆无忌惮地侵犯，弱势群体将无法向国家主张权利和寻求救济。而且，宪法对生育保障权的规定是一种概

---

❶ H.L.A.Hart, "Are There Any Natural Right?", in Jeremy Waldron (ed.), Theories of Rights[M]. New York: Oxford University Press, 1984.

括性的，原则且抽象，无法真正落实其宪法保护的作用。因而，生育保障权必须由国家机关通过具体的立法活动使其成为真正意义上的公民法律权利。目前，世界大多数国家制定了专门的法律、法规，以确保公民的生育保障权成为现实存在的权利，保证这种权利在遭受侵害时能获得法律上的救济。在英国，"二战"以后英国政府进行了一系列旨在实现充分就业和社会福利的社会保障立法活动，其中包括1944年的《国民保险部法》、1945年的《家庭津贴法》、1946年的《国民保险法》、1946年的《国民健康服务法》、1946年的《工业伤害法》和1948年的《国民救济法》，这六大立法加上其他配套措施，构成了英国战后较为完整的生育保障乃至社会保障体系。❶ 在日本，为了解决国民的生存问题，日本政府在1946～1953年先后颁行了《生活保护法》《儿童福利法》《职业安定法》等法律。在我国，全国人民代表大会常务委员会和国务院积极开展生育保障立法工作，现行的生育保障法律体系是由《宪法》主导，以《人口与计划生育法》这一基本法为核心，由《母婴保健法》《社会保险法》《妇女权益保障法》《企业职工生育保险试行办法》《女职工保健工作规定》等法律行政法规和各地方性法规等一系列专门性法律、法规，以及《行政处罚法》《婚姻法》《刑法》等法律的相关条文规定所构成。虽然我国制定了上述多种关于生育保障权的具体法律法规，但直到目前为止还缺少一部生育保障的统一法典，且从权利的现实运作情况看，生育保障权仅得到了实体法上的确认，程序法上的保护还非常欠缺，造成实践中公民生育保障权在被侵犯后的救济渠道和救济效果十分有限，下一节内容将详述生育保障权的保护和救济机制。

　　这种没有相应程序保障的权利，结果只能是"裸权"，极易被侵害且很难得到救济。再从权利救济的途径看，虽然立法救济能对违法侵权行为所依据的法律法规进行审查，一定程度上保障了公民权利，但由于其天生的被动性、事后性和非直接作用性，使得此种救济效果不佳。司法救济虽是社会保障权最终的救济方式，但因为其过长的审判时限和昂贵的诉讼成本，使权利人望而却步；又因为争议的一方是行政机关，因此，为了快速及时有效地保障权利人的切身利益，减轻权利人的时间和金钱负担，对公民社会保障权的保护采取行政救济手段是首要选择、应然之义。因此本书第五章内容就是关于生育保障权在遭受国家和社会组织侵犯后，如何有效进行司法救济的问题，这也为本书后续的写作奠定了基础。

---

❶ 内维尔·哈里斯，等. 社会保障法[M]. 李西霞，等译. 北京：北京大学出版社，2006.

第六节　生育保障权的保护和救济机制

由于生育保障的公共性、生育保障利益的整体性和权利主体的弱势性，生育保障权是一项十分脆弱的权利，很容易受到侵害。生育保障权是公共性和个体性的有机统一。生育保障权的公共性决定了生育保障权应当主要通过公法予以保护，生育保障权的个体性则说明私法在生育保障权的确认和保护中也有重要作用。生育保障权益的公法与私法保护路径，并非"非此即彼的关系"，而仅以生育保障利益的充分、有效保障为共同目标。因此，生育保障权制度的核心任务在于综合采用私法和公法、实体法和程序法的多种手段，积极应对侵害生育保障的民事行为、行政行为和国家行为，自由而有效地实现生育保障利益。具体而言，除了可以采用《宪法》上的国家生育保障义务，分为尊重义务、保护义务和给付义务，主要落实一些实体法上的权力机制和义务机制，一是人大的立法权、政府的行政执法权，法院的司法权等；二是行政法上的政府生育保障职责，如再生育之行政许可、企业虚报、冒领生育津贴的行政处罚、查封扣押之行政强制等；三是社会组织生育保障法律义务，如用人单位非法定事由不得解雇处于孕期、产期的女职工等。除此之外，还可以运用一系列权利机制来保护和救济生育保障权益。

一、积极行使生育保障知情权、请求权、救济权

对于危害生育保障利益的行为，生育保障权人可通过基于生育保障权效力所派生的生育保障请求权，请求侵害生育保障权益的私人主体停止侵害、排除妨碍、消除危险、恢复原状等，请求国家机关启动或停止某一国家行为，如请求制定生育保障立法、出台国家规划等，请求有关政府部门切实履行生育保障监管的法定职责，以保护其生育保障权益。其中，生育保障知情权，体现为生育保障信息获取请求权，以及生育保障参与权，体现为生育保障行政参与请求权等，就是为了保护和实现生育保障权而派生的权利。从立法上看，《社会保险法》第四条规定的用人单位和个人有权查询社会保险费缴费记录、个人权益记录，要求社会保险经办机构提供社会保险咨询等相关义务。个人依法享受社会保险待遇，有权监督本单位为其缴费情况就是生育保障知情权进行法律表达的典型立法例。《社会保险法》第九条也明确了工会有权参加社会保障监督委员会，对与职工保险权益有关的事项进行监督。在中国裁判文书网中查询到的"苟文静与四川中基机电安装

工程有限公司劳动争议"案件中，用人单位在女职工怀孕后违法解除与劳动者的劳动合同，就是劳动者行使生育保障救济权的典型案例。

二、建立生育保障权公益诉讼制度

（一）生育保障权利人提起的诉讼

对于侵害生育保障利益的行为，享有生育保障权的公民均可提起生育保障权诉讼。根据诉讼对象和诉讼性质的不同，可分为如下两类：一是生育保障权民事诉讼，如上文提到的苟文静与四川中基机电安装工程有限公司劳动争议案例。二是生育保障权行政诉讼，如在中国裁判文书网上查询的案例：李小梅与河南省郑州市二七区人民政府城乡建设行政管理行政撤销案，根据行政裁定书的内容，二七区政府在没有文件授权或者支持的情况下收回对独生子女家庭的奖励，属于对法律及政策理解有误。二七区政府做出撤销通知，损害了原告李小梅的可信赖利益。

对损害生育保障的行为，有关行政机关在依法履行了生育保障监管职责（穷尽了行政命令、行政强制措施等行政措施），生育保障利益仍然处于受损状态的，受害者可以直接提起生育保障损害赔偿诉讼。在诉讼请求上，原告可以请求被告承担停止侵害、赔偿损失等民事责任。

（二）生育保障公益诉讼制度

检察机关是宪法上规定的法律监督机关，在保护生育保障权益方面可以发挥最后的保障作用。具体来说，对损害生育保障权益的行政行为和民事行为，有关公民和组织在合理期限内均没有起诉的，检察机关依法履行有关诉前程序之后，如督促有关机关履行监管职责，督促有关企业停止侵害，可基于国家生育保障义务和民行公诉权作为候补主体，提起生育保障检察公益诉讼。

1. 正当性

社会契约论、生育保障国家义务及检察公诉权相关理论为检察机关提起生育保障公益诉讼提供了正当性上的依据。社会契约论认为，社会秩序不可建立在强力的基础上，因为强者无法一直保持强势霸权，除非他能把强力转化为权利，把服从转化为义务。在那种情形下，权利与强力就要互换位置，如果必须要用强力使人服从，人们就无须根据义务而服从了，只要人们不再被迫服从，他们就不再有服从的义务。换言之，稳定、长久的社会秩序只能来源于共同的原始、朴素的约定。人类想要生存，个体的力量是微弱的，个人的权利、快乐和财产在一个有正规政府的社会比在一个无政府的、人人只顾自己的社会能够得到更好的保护，可行的办法就是集合起来，形成一个联合体，即国家。国家的目的就在于保护每个成员的人身与财产。国家只能是自由的人民通过自由协议而造就的。人生而自由与平等，人们通过订立契约来建立国家，国家就是人们契约的结合体。"要寻找一种结合形式，使它能以全部共同的力量来卫护和保障每个结合者的人身和财富，并且由于这一结合而使得每一个与全体相联合的个人又只不过是在服从其本人，并且仍然像以往一样地自由。"❶ 这就是社会契约要解决的国家与个人的根本关系问题。

有了这种公约和权利的保证，每个人对所有人承担了义务，所有人也对每个人承担了义务，作为联合体或结合体的国家更是承担了对所有个人的义务，这就是对公民（作为整体意义）的国家义务。在建设生育友好型社会的时代背景下，社会契约不得不增加新的内容，作为回应，国家也须承担生育保障建设的国家义务。为了完成这些国家义务，国家需要拥有相应的权力，因此，国家权力、国家责任都是从国家义务中衍生出来的。❷ 国家义务的履行过程，即是各类国家机关分别依据宪法的规定，在各自权限范围内积极行动，推动国家义务完成的过程。在我国生育保障建设领域，根据机构设置和职权属性，与这一国家义务相关联的国家机构主要包括：国家权力机关、国家行政机关、国家审判机关、国家检察机关和国家监察机关。从性质上看，这种国家义务属于宪法上的义务，难以实际履行，只有将国家的宪法义务落实为有关国家机关的法律职责（职权）方能落地履行化为具体行动:立法机关（人大）行使立法权制定和修改法律;行政机关（政府）行使行政权进行行政监管；审判机关（法院）行使审判权进行司法裁判；检察机关（检察院）行使检察权提起国家公诉（包括提起刑事公诉和民、行公诉）；监察机关（监察委）行使监察权开展国家监督。在生育保障建设国家义务下，检察机关可依据检察公诉中的民行公诉权而提起生育保障检察公益诉讼，即生育保障民事检察公益诉讼和生育保障行政检察公益诉讼。如此一来，《民事诉讼法》第55条规定的"法律规定的有关机关和组织"加以进一步的限定和明确，从而形成考虑周全、系统协调的广义生育保障公益诉讼原告制度，全面推进生育保障公益诉讼的发展。事实上，2018年新修订的《人民检察院组织法》第20条规定就

---

❶ 卢梭.社会契约论[M].何兆武,译.北京:商务印书馆,2003.
❷ 高鹏程.国家义务析论[J].理论探讨,2004(1):19-20.

赋予了检察机关提起公益诉讼的职权。

要注意的是，检察机关提起生育保障公益诉讼的正当性并不能完全从法律监督中得到解释。因为，作为宪法所规定的法律监督机关，检察机关的监督主要体现在对行政权、侦察权、审判权等国家权力机关运行的监督，确实可以代表国家就法律的实施问题提起监督诉讼，如对行政机关提起生育保障行政公益诉讼（监督行政权），但问题是，我国的检察机关既可以运用监督权提起行政公益诉讼（监督行政权），还可以运用监督权对行政公益诉讼进行抗诉（监督审判权），此时，检察机关既是运动员又是裁判员，存在明显的角色重合和身份冲突。此外，如果仅凭借法律监督权，检察机关是无权对没有生育保障违法却造成生育保障权益损害的公民、法人和其他组织提起生育保障民事公益诉讼的，因为监督客体为义务、职责而非权利，监督的企业没有违法则无法以法律监督之名提起监督诉讼。换言之，仅仅以法律监督权来解释检察权的正当性是无法自圆其说，甚至存在根本问题的。只有把检察机关作为国家和社会公共利益的代表，运用"社会契约＋生育保障国家义务＋检察公诉权"，才能为检察机关提起生育保障公益诉讼提供正当性解释。

2. 必要性

从理论上看，赋予检察机关生育保障公益诉讼的原告资格，有利于弥补私诉权难以保护生育保障公益的缺陷。从制度产生的根源来看，公诉权的构建是为了弥补私诉权救济力量的不足，从而有效地填补私诉权的有限性和权利保护的真空地带。换言之，公诉权是为弥补传统私诉权而设立的一种新的程序性权利。在历史上，私诉权救济力量不足，主要发生在刑事诉讼领域。但是当前所面临的生育保障公益被侵犯的问题，正是私诉不足以或根本无法通过私诉权救济的情形。这是由于生育保障公益的公共性、弱私利性或私利性间接性等特征，以及生育保障公益侵害者的强势性，使公众不愿、不敢运用私诉权寻求救济或客观上难以救济。通过检察院提起生育保障公诉，正好可以弥补传统私诉权的功能不足，这也完全符合公诉权的本意和设立宗旨。因而，从理论上讲，公诉权不仅可以存在于刑事诉讼领域，还可以存在于民事、行政诉讼之中。

在鼓励生育"三孩"和维护民生的当下，赋予检察机关的公益诉权势在必行。尤其是当公民、社会组织由于各种原因未能起诉时，检察机关更应成为维护生育保障公益必不可少的候补原告。事实上，检察机关作为公益诉讼的主体，具有特别明显的优势。这是因为，检察机关具有较强的诉讼能力和超脱地位，有更大的胜诉把握。首先，在生育保障公益诉讼中，同公民和社会组织相比，检察机关不仅拥有一支长期从事司法工作的专业化队伍，还享有调查取证等诸多职权，能有力抗衡强势被告，取得胜诉。其次，作为法律监督机关，检察机关还能超越地方保护主义的桎梏，独立从事生育保障公益诉讼活动。特别是，与社会组织相比，检察机关在发现政府不作为、乱作为，损害国家和社会的公共利益时，无疑是最"给力"、最权威的诉讼主体。因为检察机关由人大产生，对人大负责，不易受行政机关干预，具有相对独立、中立、强力的法律地位。

3.可行性

放眼全球，检察机关成为公益诉讼的原告符合世界通例。在英美法系国家，除了美国之外，还有许多国家规定了检察机关的公益诉权。譬如在英国，一般只有法务长官（检察长）可以代表公众提起诉讼以倡导公众利益，阻止公共性不正当行为。另外，许多大陆法系国家也有类似的规定。譬如，《法国民事诉讼法典》第十三编授权检察机关可以原告的主当事人身份提起涉及国家利益、社会利益和公民个人利益的案件，也可以当事人的身份在诉讼的任何阶段介入与公众利益密切相关的案件。《德国行政法院法》第三十五条规定，在联邦行政法院中设置的检察官为维护公共利益，可以参与联邦行政法院中的任何诉讼。特别值得一提的是，巴西的环境公益诉讼是以检察机关为主导进行的。我国的《人民检察院组织法》在第二十条人民检察院行使的职责中明确"依照法律规定提起公益诉讼"。《检察官法》在第七条检察官的职责中明确"开展公益诉讼工作"。建议在赋予检察机关提起公益诉讼的基础上，规定起诉条件、适用范围和诉讼程序等内容。

本章小结

生育保障权是生育保障法的灵魂，是生育保障立法、执法和诉讼、生育保障公益诉讼的基础。作为社会保障法范畴的生育保障权，从权利发展的法理和进程看，生育保障权是一项独立、新型的权利，属于权利领域的"革命"。尽管生育保障权与人格权、财产权密切相关，且有利于人格权和部分财产权的实现，但生育保障权既非人格权也非财产权，生育保险权等尽管也能在一定程度上阐释生育保障权的某些侧面，具有一定的进步意义，但终究不能全面解释生育保障权。只有跳出"解释论"思维，以"革命"的方式直接构建一项以生育保障利益为权利对象，以表现为物或者行为的生育保障利益为权利客体，以经济保障权、健康保障权、就业保障权、公共服务保障权为权利内容的独立、新型的权利——生育保障权，才能弥补现有权利面对生育保障的不足，方能解决生育保障法的"合法性问题"。从学理上看，生育保障权也符合主体资格、利益追求、正当性、行为自由、义务承担者、可司法性等权利生成的基本要件，具备构建的正当性和可能性。

通常而言，生育保障法的制度设计应当遵循"事实—事理—法理—法律"的研究路径。特别是要注意将与生育保障建设有关的科学事理和政治话语，转换或提炼为生育保障法理和法学话语，以实现从"事理"到"法理"的"惊心动魄的跳跃"。当前，我国生育保障法学研究的薄弱之处，正是不够重视甚至普遍忽视"从事实到事理"到"从事理到法理"这两大关键环节。习惯于从"经验事实"（通常还不是法律事实）直接到"法律条文"，从"法律现象"直接到"法律对策"的跨越式思维。

只有在社会法这一部门法意义上构建作为生育保障法学范畴之整体意义上的生育保障权，才能全面理解生育保障权，并构造系统、协调的生育保障权制度。具体而言，只有将生育保障权转化为民法意义上的民事生育保障权及其侵权责任，宪法意义上的基本生育保障权（生育保障人权）和国家生育保障义务，行政法意义上的生育保障知情权，生育保障参与权、监督权和政府生育保障监管职责，以及诉讼法意义上的生育保障诉权和生育保障公益诉讼程序，方能形成健全完善的生育保障权制度体系，从而完成生育保障权的法律表达。

思想是行动的先导，理论是实践的指南。生育保障权作为一项独立、新型的革命性的权利，更离不开理论的支撑和指导。然而，国外生育保障权的研究始于人权，受此影响，国内学者也喜从宪法和人权的角度来解释和构建生育保障权。这固然有助于提高生育保障权高大上的地位，但同时也导致生育保障权曲高和寡，不接地气。宪法权利必须转化为部门法的权利才能落在实处，没有部门法保护的宪法权利永远只有玄石的意义。我们固然要研究宪法层面的生育保障权，但更要沉下心来，拓宽视野，在民法、行政法、诉讼法等部门法层面，更深入、更具体地研究生育保障权。

没有基础研究作为理论支撑，社会保障法学的发展无疑将失去后劲。综合运用社会保障法、行政法、刑法、诉讼法和人口学、管理学、社会学、经济学、哲学等多学科的"融合性"知识，加强对生育保障权的基础研究。特别是要集中社会保障法学、民法学、宪法学、行政法学和法理学等学科的研究力量，以对生育

第三章 生育保障法律制度的权利基石——生育保障权

保障、生育保险、生育支持政策的辨析为逻辑起点，从私法和公法、实体法和程序法等不同侧面和多个层次入手，对生育保障权的证成、构造、属性、取得、行使、保护和救济等问题进行全方位的深入研究，为生育保障法学的发展提出有参考价值的方案。

第四章 我国生育保障法律责任分担制度重构

人口是"全部社会生产行为的基础和主体",只有实现人口的可持续发展才能有经济、社会、民族、国家的可持续发展。生育包括生殖和抚育两个阶段,生殖是新生命的孕育,抚育是生活的供养和社会性的教育。❶生殖主要由女性完成,外界应为其顺利完成孕育提供保障。国际劳工组织在2000年《保护生育公约》(183号公约)中指出,考虑到女工的处境和现实需要,提供妊娠保护是政府和社会的共同责任,要保障所有就业妇女,包括从事非典型形式隶属工作的妇女,享有不少于14周的产假及产假期间能以适当的健康条件和适宜的生活标准供养自己及孩子的现金津贴。世界上大部分国家都建立了生育保障制度。国外的生育保障待遇基本包括产假、生育补助金(产假工资)、生育津贴、医疗保健和儿童津贴等内容。有些国家,比如英国、法国、瑞典、西班牙、波兰等,还提供监护者抚养照料儿童或未成年人津贴、儿童保育津贴、公立托育服务、儿童税收减免等待遇,这些待遇主要由政府和市场来提供。❷目前,我国包括产假、生育津贴(产假工资)、医疗保健在内的生育保险待遇主要由生育保险基金或用人单位提供,政府为城乡居民生育提供部分补助,养育责任基本由家庭承担,女性养育角色的定位其实是文化赋予的,女性承担主要养育责任是历史与习俗的传承。

第一节 生育的价值与生育保障责任

历史中的决定性因素,归根结底是直接生活的生产和再生产。但是,生产本身又有两种,一方面是生活资料即食物、衣服、住房以及为此所必需的工具的生产;另一方面是人类自身的生产,即种的繁衍。❸人口再生产是社会生产的必要

---

❶ 费孝通.生育制度[M].北京:生活·读书·新知三联书店,2014.
❷ 唐灿,张建.家庭问题与政府责任[M].北京:社会科学文献出版社,2013.
❸ 中华人民共和国全国妇女联合会.马克思恩格斯列宁斯大林论妇女[M].北京:人民出版社,1978.

前提，是社会发展的根本。

一、生育的价值与意义

人类自身再生产的过程也是家庭为社会提供劳动力的过程，具有极大的社会价值。一方面是生产的劳动力使用价值的实现。人口再生产为劳动力市场提供人力资本，是社会物质生产的根本。另一方面儿童自身具有的准公共产品性质，增强了人口再生产的公共性。人口再生产需要国家、社会、家庭合力，要承认人口再生产的社会价值，使得选择生育的女性无论是否就业都能获得基本的保障，而选择就业的女性在劳动力市场可以获得平等的就业机会和待遇，能较好地协调工作与家庭，保障她们的劳动权益。社会发展需要女性的人口再生产劳动，那么就需要以社会性的方式给予承认。生殖问题必须由女性个体完成，其价值衡量和支付方式由人口再生产在社会中的地位所决定。子女的养育尤其是教育问题，主要体现为家庭和学校以及国家之间的责任分担。既然人口再生产具有很强的公共性，就应该由国家承担主要责任，或社会与家庭共担，实践中由家庭承担主要责任的必须给予相应的价值认同和经济保障。所以，不仅仅是制定家庭友好政策让妇女在工作和家庭之间更好协调，更为重要的是给予家庭劳动以社会认同和价值赋予。

二、生育的影响因素

生育行为虽然由妇女及其家庭完成，但是否生育、何时生育以及生育多少受社会经济发展、生育观念、法律法规、生育成本等多种因素的影响。

生育观念和生育政策直接影响生育数量。生育观是人们对生育问题的看法和主张，主要包括生育子女的社会价值和家庭价值。生育政策指由国家制定或在国家指导下制定的规范育龄夫妇生育行为（包括生育数量和质量）的准则。生育观念随着经济社会的发展以及人们对生育价值的认识而发生转变，比如中国由传统的"多子多福"到"少生优生"生育观念的转变。政府可以引导人们的生育观念，还可以用法规政策调整甚至干预生育行为，在一定阶段、一定范围内生育政策可能是生育行为的决定性因素，比如中国的"独生子女"政策。

生育成本是家庭生育选择的主要因素。结合西方微观人口经济学上"生育成本—孩子效用理论"和我国学者对生育成本内外部性的划分，[1]本文拟将生育成本

---

[1] 罗丽艳. 孩子成本效用的拓展分析及其对中国人口转变的解释 [J]. 人口研究, 2003(2): 47-54.

分为直接成本与间接成本。直接成本以孩子个体发展为成本计算对象，包括内外两部分——家庭直接成本与社会直接成本，前者指家庭对孩子从母亲怀孕到孩子成年的生活、教育、医疗等各方面的抚养费用和支出，后者指孩子在成长过程中享受的自然资源与社会保障待遇（如义务教育）等；间接成本是指家庭和社会为孩子的成长发展而遭受的各种损失，由机会成本、生理成本与心理成本构成，包括父母因对家庭的责任心而减少流动性导致损失的收入、母亲分娩时的痛苦和健康风险等，若母亲兼具劳动者身份，则间接成本还包括母亲妊娠期间和哺乳期间所损失的工资收入、母亲因照料孩子而减少的受教育和工作的时间等。可见，女性不仅承担生育期间的直接成本，还是生育间接成本的天然承受者。围绕女职工生育权保障这一主题，本文界定的生育成本，是指女职工生育期间的直接成本与女职工承受的间接成本。可见，女性怀孕、生育和哺乳不仅仅是个人和家庭的私事，也是关乎人类可持续发展的公事。根据哈威·莱宾斯坦的边际效用分析，边际孩子的生育与否取决于生育费用和成本或负效用的均衡关系，这里的效用主要指的是生育的家庭效用，包括给父母情感带来的享乐效用、增加家庭经济收入的经济效用以及养老效用等。加里·贝克尔认为妇女生育率降低的主要原因是父母增加了自身的人力资本投资或孩子的人力资本投资，因此会为了提高孩子的质量而减少孩子的数量。在实践中，家庭的生育选择在一定程度上是由生育的成本—效用来决定的，从我国"二孩"政策遇冷可见一斑，其主要原因是近年来生育成本尤其是养育成本快速提高，生育的养老、情感效用等家庭效用大幅降低。

女性的社会经济地位及受教育程度制约着生育行为的完成。研究证明，家庭中生育孩子的数量与妻子的工资或妻子时间价值的其他衡量之间有很强的负相关关系。❶女性尤其是年轻高知女性，随着受教育水平和社会经济地位的提高，自身社会价值的被认同感越来越强，投入到物质再生产之中的精力和时间增加，对生育持越来越消极的态度，通过生育确立社会地位尤其是家庭地位的年代一去不复返了。

三、生育的成本与生育保障责任

生育保障责任包括保障生殖、抚育全过程顺利进行的所有责任。女性为怀孕生产承担身体健康甚至生命风险，政府要建立健全生育保障并承担政策制定、监督管理以及公共服务提供等责任，企业要为女职工提供保护性调岗以及方便照顾

---

❶ 加里·S.贝克尔.家庭经济分析[M].彭松建，译.北京：华夏出版社，1987.

婴幼儿的灵活工作方式和时间。生育成本的承担是生育保障责任分担的一种。生育成本可以分为经济成本、机会成本和心理成本。生育的经济成本可分为两部分，怀孕生产费用包括女性产假和丈夫带薪陪护假的时间成本，女性因生育中断职业或者暂时退出劳动力市场而丧失的收入；婴幼儿的照顾费用包括照料孩子生活的托幼费用或保姆费用，母亲因照顾孩子而减少工作时间或从事较低收入工作导致的收入减少。生育的机会成本，一方面是企业认为生育会减少女性对工作的精力投入，从而减少对她们的人力资本投资，导致女性提高收入的机会减少；另一方面生育尤其是养育子女占用了女性较多的时间和精力，导致学习和参与社会活动的时间缩短、培训和晋升机会减少、职业发展机会和空间缩小等问题。生育的心理成本主要是指女性因生育而导致工作与家庭冲突，生育文化对女性的人生观和价值观的影响，以及生育对夫妻关系产生影响，从而给女性生活理念和精神带来的冲击等。在人口再生产中，女性承担了部分的经济成本和全部的机会成本，政府对生育经济成本的分担、企业对女性人力资本的投资在一定程度上可以降低家庭尤其是女性的生育成本。

第二节　生育保障责任的分担

女性怀孕、生育和哺乳不仅关乎个人和家庭，也关乎人类的可持续发展。早在1952年，国际劳工组织就在《保护妇女生育公约》（第103号公约）中明确指出：考虑到女工的处境和需要，政府和社会有为女工提供妊娠保护的共同责任。可以说，政府和所有社会成员均是生育成本的利益相关者。所谓生育成本的利益相关者是指因女职工生育而受影响需要为女职工分担生育成本的各方。除必然承受生育成本的相关者——女职工及其家庭外，其他社会成员与女性生育利益均存在一定的联系。而政府与用人单位，是介入女职工生育成本分担的重要主体。因此，女性为怀孕、生育和哺乳而遭遇的健康风险和经济风险也需要政府和社会共同分担。❶

一、国家在生育保障中的责任

在生育成本的相关利益者中，国家既是生育成本的分担者，也是分配者。政府作为国家的代表，是生育成本的重要分担者，这源于政府的生育保障职能。生育保障权是一项关乎国家安全的公民基本权利。作为一项基本人权，生育保障权

---

❶ 潘锦棠．女性就业保护政策亟待完善[J]．中华女子学院学报，2014(2)：52-57.

伴随着19世纪西方女权主义运动的兴起而产生,在20世纪中后叶不断发展的国际人权事业的推动下,被越来越多的国际公约、条约等予以确认。1980年,我国签署了联合国《消除对妇女一切形式歧视公约》,该公约明确了国家负有对怀孕妇女"最基本权益提供一定程度的保障"义务,包括"使妇女不致因为结婚或生育而受歧视";"保证为妇女提供有关怀孕、分娩和产后期间的适当服务,于必要时给予免费服务,并保证在怀孕和哺乳期间得到充分营养"等。1994年,我国参加了联合国国际人口与发展大会,会议通过的《行动纲领》首次将生育保障权延伸至生殖健康权,提出"所有夫妇和个人均享有自由、负责地决定生育次数、生育间隔和时间并获得这样做的信息和方法的基本权利,以及实现性和生殖健康方面最高标准的权利"。生育保障权的实现状况直接关乎国家人口发展社会的长治久安。根据2020年全国第7次人口普查的数据显示,我国总的生育率(TFR)下降到1.3,远远低于更替水平(TFR在1.8至2.5之间),属于极度危险的超低生育率,由此带来的新人口危机从持续人口萎缩、兵员后备不足、人力供应减少、人口极化演变等方面威胁着国家地位、国防、经济、生态等多领域的安全。❶ 生育保障的特性决定了政府是建立和实施生育保障制度的主体,世界上大部分国家都有生育支持的公共政策,很多国家都出台了生育保障的制度。为了国家的长治久安,保持人口增长的良好趋势,政府应加大生育保障力度,其直接表现就是对生育成本的分担。政府是生育成本的分配者,是公共利益的代表,可以公权力依法调动承担社会责任的资源。一方面,在经济新常态的背景下,政府要推进"供给侧结构性改革"中对企业"降成本"的短期任务,以经济的、行政的和法律的手段,实现要素资源的有效分配,激发企业活力;另一方面,政府要妥善处理由于计划生育政策内容的改变,国家倡导生育三孩的背景下作为人类整体利益的"守望者",应肩负起重大的生育伦理责任,履行适度生育、优生优育、生育补偿、生育技术等方面的伦理责任。❷ 覃成菊等认为政府在生育保险中的责任包括设计和规范责任、财政责任、监管责任、实施责任等。❸

(一)生育保障法律制度设计及监管责任

政府首先要根据国家人口发展来制定生育政策,控制或鼓励生育,我国从执

---

❶ 穆光宗.人口优化理论再探——新人口危机和国家安全[J].北京大学学报(哲学社会科学版),2015(4):111-122.
❷ 易想和,邓志强.政府生育伦理责任的内涵及实现[J].湖南行政学院学报,2010(5):20-22.
❸ 覃成菊,张一名.我国生育保险制度的演变与政府责任[J].中国软科学,2011(8):14-20.

行多年的"独生子女"政策到"全面两孩"政策的实施就是根据我国人口数量、结构进行的调整。无论是控制还是鼓励生育,政府都要制定相应的制度政策对生育行为给予保障。"良法是善治之前提",政府首先要建立完善的全国生育保障制度,以规范地方的生育保险法规,保障所有妇女生育时能获得基本的医疗服务和经济支持;对企业责任进行限定,对不承担责任的企业采取制裁措施;对生育保障基金的征收与管理进行监管;对生育保障待遇支付给出标准,各地可以根据情况自行调整。

(二)经济保障、健康保障、就业保障及公共服务保障责任

生育也是一种社会责任,养育孩子的父母是为社会做贡献,"生儿育女的妇女对国家做出的贡献绝不小于用自己的生命抗击侵略成性的敌人来保卫家园的男子"。❶可以说,没有妇女的生育就没有民族的繁衍,就没有人类历史的正常延续。因此政府在承担生育保障责任的同时,还应当给予养育孩子的父母一定的补偿,尤其是投入大量精力的母亲。斯大林从国家发展的角度指出:"女工和农妇是我们青年——我们国家的未来——的母亲和教养者。"❷

孩子属于国家的利益,而不是父母的,他们的费用理应由国家支付,而不应让这沉重的担子落在父母身上。❸因此,政府的财政责任包括三方面:一是当生育保险基金不足时,财政给予补助,保证有生育保险的职工能及时享受待遇;二是财政拨款,为所有无法享受生育保险的女性提供基本的保障;三是为没有能力照顾婴幼儿的家庭提供支持,包括托幼公共服务以及家庭照顾或支持。罗素将国家在生育中的责任概括为两种形式:一种是建立足够的幼儿园和托儿所,为已婚已育妇女提供托幼服务,使她们能够继续从事婚前所做的工作;另一种是国家为愿意照看自己孩子的妇女发工资,也就是家庭津贴,而且规定当孩子长到一定年龄时妇女可以重操旧业❹。

二、雇主在生育保障中的责任

雇主也是生育成本的重要分担者,这是承担企业社会责任核心内容的具体表现之一。企业社会责任问题肇因于劳资关系冲突。随着消费者运动、环保运动等在全球范围内的发展,企业社会责任的内涵及外延得以不断丰富。有学者认为,

---

❶ 倍倍尔.妇女与社会主义[M].北京:中央编译出版社,1995.
❷ 中共中央马克思恩格斯列宁斯大林著作编译局.斯大林全集(第5卷)[M].北京:人民出版社,1957.
❸❹ 罗素.婚姻革命[M].新建国,译.北京:东方出版社,1988.

所谓企业社会责任，是指"企业应对股东这一利益群体以外的、与公司发生各种关系的其他相关利益群体和政府代表的公共利益负有的一定责任，即维护公司债权人、雇员、供应商、用户、消费者、当地住民的利益以及政府代表的税收利益、环保利益等"。❶ 沿袭国际标准化组织 ISO 26000 的理念，❷ 我国于 2015 年 6 月发布了社会责任系列国家标准，其中《社会责任指南》涉及的七大核心主题之一正是劳工实践。可见，企业对雇员的责任，始终是企业社会责任中的核心内容。根据企业社会责任理论，可以推出，如果用人单位滥用其优势地位，减损甚至剥夺劳动者，特别是由于生育处于更加弱势地位的女职工的合法利益，不分担企业在自身社会责任范围内的生育成本，那么从长远来看，该用人单位的发展将因其肆意扩大的实质不公正，受到其他相关利益群体，如政府、工会、社会团体等的制约，难以实现持续经营的目标。"人口红利直接受益者是个人和家庭，最终受益者是国家和社会。"❸ 政府作为国家对内治理的代表，用人单位作为与女职工权益密切联系的社会成员，均应当分担相应的生育成本，以实现社会的可持续发展。经济学经典理论认为，更多地生产一种产品的方式是更多地投入，市场的发展需要不断投入物质资料和人力资源，劳动力是市场健康发展的基础，雇主有责任为劳动力的增加提供基本的保障，给予一定的支持。

（一）经济保障责任

人们花在自身或子女身上的费用，不只是满足眼前的一时需要，而是为了获得知识、技能和健康等人力资本所做的一种投资。雇主作为劳动力的直接购买使用者，不仅要为购买劳动力支付一定的经济成本，还要为劳动力的再生产提供经济保障，比如通过为劳动者缴纳生育保险费的方式保障女性生育时能享受生育保险待遇，生育保险提供的医疗服务可以保障女性身体健康，产假期间的生育津贴可以保障母婴健康、促进女性恢复劳动力、解除家庭生育的后顾之忧。

---

❶ 朱慈蕴. 公司法人格否认法理研究 [M]. 北京：法律出版社，2000.
❷ 国际标准化组织 (International Standard Organization, 缩写为 ISO) 从 2001 年开始着手进行社会责任国际标准的可行性研究和论证。2004 年 6 月最终决定开发适用于包括政府在内的所有社会组织的"社会责任"国际标准化组织指南标准，由 54 个国家和 24 个国际组织参与制定，编号为 ISO 26000，是在 ISO 9000 和 ISO 14000 之后制定的最新标准体系，这是 ISO 的新领域，为此 ISO 成立了社会责任工作组 (WGSR) 负责标准的起草工作。2010 年 11 月 1 日，国际标准化组织 (ISO) 在瑞士日内瓦国际会议中心举办了社会责任指南标准 (ISO 26000) 的发布仪式，该标准正式出台。
❸ 高媛. 职场女性生育成本分担模式的重构——从二孩引发的就业歧视问题着眼 [J]. 中国劳动关系学院学报，2016(3):42-46.

(二)健康保障责任

在市场经济快速发展的全球化时代,女性生育的经济成本尤其是机会成本大幅提高,如果女性拒绝生育,劳动力就无从提供,市场也就成了无源之水、无本之木;如果女性生育后体力得不到很好的恢复,其劳动力再生产效用会大打折扣。雇主为有需要的怀孕女性调岗,免除怀孕女工的夜班和加班,减少工作量或工作时间,为怀孕女性提供产检和产假等时间保障,为男性提供一定的陪产假,不仅可以保障母婴健康,还可以保障女性劳动能力的再生产,即其体力和智力的恢复和发展。

(三)就业保障责任

已婚夫妻不仅自己通过雇主的雇用进入劳动力市场,承担着自身劳动能力的生产、更新与发展,还承担着劳动力再生产的主要责任。如果女性生育后不能重返劳动力市场,或因养育责任导致培训进修机会减少,人力资本存量降低,低就业率造成人力资本浪费,都会影响劳动力市场的健康发展,进而影响企业劳动力需求的满足。雇主有责任为有婴幼儿照顾需求的员工提供一定的支持,比如灵活的办公方式等,以便他们能较好地平衡工作和家庭,更好地为市场培养优质劳动力。

三、家庭(个人)在生育保障中的责任

生育是个人生命延续和家庭生活的需要,是家庭情感满足的重要方式,也是家族繁衍后代的需求。婚姻的主要意义是在确立对孩子的抚育的责任。在中国,婚姻是生育合法性的载体,从生育角度来讲,婚姻在一定程度上与家庭重合,婴幼儿照顾和教育培养责任由夫妻共同承担。

(一)健康保障责任

一方面,生育始于怀孕生产,对于正常的怀孕生产,家庭所承担的主要是分娩时的健康风险,现实生活中,由于社会压力以及环境污染等原因,某些已婚的成年人无法通过自然方式生育自己的子女,夫妻尤其是女性为了怀孕四处求医。另一方面,孩子的健康成长离不开家庭尤其是母亲的精心照料,特别是3岁以前的照顾,婴幼儿的身心健康离不开家庭的付出。

(二)经济保障责任

一方面,家庭要承担部分生育费用的支出。特殊情况下,需要接受辅助生育医疗服务的,不孕不育的治疗和辅助生殖费用都属于自费项目,在这个过程中,

家庭尤其是女性承担了大量的经济成本、时间成本、健康成本，以及较大的社会压力与心理压力。

另一方面，如果公共托幼园所缺乏，则基本由家庭承担学龄前的教育责任。优生优育的理念使得子女抚养经济成本和精力投入越来越多，高科技给人们带来便捷和享受的同时，也给婴幼儿带来更多的危险，抚育的安全责任越来越重。

第三节 现行生育保障责任分担机制公平性分析

新中国成立初期以及计划经济时期，国家与单位一体，生育保险责任由政府承担，用人单位分担的责任也因企业所有权归国家而最后由政府兜底，生育责任以单位福利形式体现，不仅保障生育，子女的养育、教育也包括在其中。家庭主要承担照顾责任，还可以领取一定的托幼补贴。随着我国计划经济向市场经济转型，生育保障逐步由企业列支（国营企业）改为社会统筹，企业缴纳保险费，生育保险提供生育医疗服务和生育津贴等待遇，个人不缴费。政府承担着机关和部分事业单位女职工的生育保障责任，支付医疗费用和产假期间的工资；分担了城乡居民的生育保障责任，❶设立专项基金为31个省(自治区、直辖市)的农村妇女分娩提供财政补助。从养育来看，计划经济时期，单位设有完善的托幼园所，可以提供较好的幼儿照料和学前教育，而且对本单位职工实行优惠，比雇用保姆便宜得多，在业妇女产后能尽快投入工作。市场经济改革逐渐深入后，托幼园所等原来由单位支持的照料服务逐步减少，更多的照顾来源于市场中的保姆。当保姆市场供不应求导致雇用费用上涨时，很多低工资的职业女性被迫中断职业回家照顾子女，承担起主要的养育责任。自1994年劳动部颁布《企业职工生育保险试行办法》以来，我国逐渐构建起以生育保险制度为主的生育保障体系。目前，我国女职工生育成本的分担主要通过《社会保险法》规定的生育保险待遇，即生育医疗费用和生育津贴的给付实现，此外在《劳动法》《人口与计划生育法》等法律法规中，还规定了女职工的产假制度以及生育期间的特殊劳动保护等，它们共同构成生育保障待遇的内容。从生育保险制度的覆盖范围、资金来源、支付条件、支付标准、产假制度及特殊劳动保护的落实情况方面进行了考察，发现生育成本在政府、用人单位、家庭之间的实际分担并不合理，主要存在着政府将生育成本向用人单位、女职工转嫁和用人单位对生育成本的分担低于社会责任要求两

---

❶ 城镇非就业妇女和城镇居民可以在医疗保险中报销部分住院分娩费用和产前检查费，而城乡居民医疗保险都有政府财政补贴。

个问题。

一、国家的生育保障成本向用人单位和女职工转嫁

我国生育保险制度及产假制度的立法目的均在于"确保参保妇女在生育期间的生活维持和健康养护,维持社会人口再生产"。❶ 另外,作为利益相关者的用人单位也是社会组成的一部分,其合法权利也应受到保护。本文拟从我国现行生育保险制度的覆盖范围、资金来源、支付条件、待遇标准等方面以及产假制度的内容分析政府的成本转嫁行为,具体如下:

(一)生育保障成本向女职工转嫁

1. 生育保险的覆盖范围

目前我国生育保险仅覆盖城镇企业职工,城镇居民和农村居民的生育保障由整合城镇居民医保和新农合而成的城乡居民医疗保险中的生育险提供,女性自主创业者、非正规就业女性、民办非企业女性以及乡镇企业职工等被排除在生育险之外。仅针对城镇职工进行覆盖,使得政府应承担的生育成本向除城镇女职工外的女性劳动者转嫁,直接导致城乡职工在生育保障上的待遇差异,与为生育期妇女平等提供保障服务的预期目的并不均衡。

2. 生育保险待遇标准

生育保险待遇包括生育医疗费用和生育津贴两部分。目前,我国生育保险待遇中生育医疗费用实行定额结算,标准由统筹地区医疗保险部门按照医院等级、顺产、剖宫产的平均医疗费水平确定,基本能满足实际支出需要。但生育津贴标准普遍偏低。根据《女职工劳动保护特别规定》,女职工产假期间的生育津贴,按照"职工所在用人单位上年度职工月平均工资计发",即同一单位不同职位的女职工在生育期间享受的津贴待遇相同。但女职工的生活维持与健康养护水平往往与其在非生育期间的劳动力的价值相匹配。生育津贴标准的非均衡性就在于,它变相减少了月工资高于用人单位月平均工资的女职工在生育期间的收入,使得这部分女职工受到因履行社会生育职责而生活水平下降的负面影响。虽然不少地方规定,对于生育津贴低于女职工本人工资标准的差额部分,由用人单位补足。但实践中,用人单位的补足情况并不乐观,导致部分女职工须承担因生育带来的不合理的机会成本损失,其合法权益未得到当前制度的全面保障。

---

❶ 林嘉.劳动法和社会保障法[M].北京:中国人民大学出版社,2009.

（二）生育保障成本向雇主转嫁

1. 生育保险的资金来源

我国生育保险的资金筹集采用雇主责任制——由用人单位按照其工资总额的一定比例向社会保险经办机构缴纳生育保险费，职工个人不缴纳生育保险费。政府作为女职工生育成本的重要分担者，未担负起生育保险资金筹集的财政责任，与国家对女职工生育提供保障的职能不相适应，使得生育保险的来源成本完全向用人单位转嫁。同时这种缴费责任主体与保险主要受益者相分离的制度设计，难以调动用人单位参保的积极性，从一定程度上影响参保率，也不利于强化女职工的生育健康保障意识，不利于推动社会保障事业发展的内生的社会动员机制。

2. 产假制度

中央层面，我国现行的产假待遇标准为98天，符合相关国际公约"不少于14周"的规定。另外《女职工劳动保护特别规定》对于难产、多胞胎、流产等特殊生育情况的产假时间做出了相应调整，符合保障生育健康的立法目的。但由于社会分工和行业特点的不同，不同用人单位中女职工所占比例可能悬殊。对于女职工较为集中的单位，如学校、医院等，显然要承担因产假制度带来的较重的用工成本压力，对于女职工较少的单位，成本压力则相对较小，由此造成"用人单位之间生育费用的负担畸轻畸重"。❶ 特别是在"全面二孩"政策、"三孩"政策出台后，各地政府纷纷响应"符合法律、法规规定生育子女的夫妻，可以获得延长生育假的奖励或者其他福利待遇"的新规，产假最长可延至一年，普遍加重了单位的用工成本，也加剧了不同单位因女职工人数差异带来的用工成本负担的分化。但政府并未采取措施，减轻因产假延长带给部分企业的消极影响，造成新增的生育成本完全向用人单位转嫁。部分女职工较多的单位，为避免因女职工"扎堆怀孕"而多支出这部分生育成本，为女职工制定"生育时间表"，或变相要求怀孕的女职工加班加点工作，反而削弱了产假对女职工的保护意义。

（三）生育保障成本同时向女职工与雇主转嫁

在生育保险制度的待遇支付条件方面，根据现行法律规定，享受生育保险待遇的条件包括：具有合法婚姻；符合国家计划生育规定；处于在职状态的职工所在的企业按规定缴纳生育保险费。生育保险待遇领取"三要件"的设置排挤了非婚生育、违反国家计生政策以及用人单位不按时缴纳生育险费的城镇女职工，使

---

❶ 姚林元. 深化生育保险改革势在必行 [J]. 中国社会保障, 2004(3):14-15.

得该群体的生育权保障失去了支持，违反了生育权的立法要旨。"生育保险所保障的应该是生育的风险，生育职能的承担与婚姻和计划生育政策之间没有必然联系"，❶ 而目前我国生育保险附加了过多的价值，设定了过多的支付条件，使得制度的发展备受掣肘。这其中，生育津贴待遇的支付条件更为严苛。不同地方规定了享受生育津贴的最低缴费时长。❷ 如果女职工在入职前后怀孕，则其生产时，即使用人单位依法按时为其缴纳生育保险费，缴费时长也可能未满当地规定的最低要求，导致单位不得不独自承担生育津贴的给付，加重其用工成本，由此来看不符合必要性原则。这也进一步促使部分用人单位采取"入职孕检"、要求职工"入职一定时间内不得怀孕"等侵害女职工生育隐私权、生育决定权的非法手段，来规避招聘孕期新职工的风险。支付条件的如上规定，已经在实质意义上消解了女职工的法定权益，不符合制度设立的原旨。

由此可见，我国现行的生育保险制度和产假制度将政府应承担的部分生育成本过度转嫁给女职工和企业。一方面，政府未填补对参保范围外女职工生育成本分担上的角色空缺，对制度保障范围内的女职工生育成本也分担不足；另一方面，政府将自身应承担的部分生育成本转嫁给企业，使企业的经济负担过重，企业选择对成本进行再转嫁时，易侵害女职工的生育权、劳动权等合法权利，从而影响和谐劳动关系的建立。

二、雇主对生育保障成本的分担低于社会责任要求

传统经济学理论以"经济人"假设出发，认为利润最大化是企业追求的核心目标，因此将企业的经济效益与女职工的生育成本之间的冲突看作是一场"零和博弈"。企业社会责任从社会本位为着眼点，对这一观点进行了补充和修正，即"在不否认利益最大化原则的条件下，尽可能多地维护和增进社会利益，最终也会间接地提高经济效益"。❸ 按照《社会责任指南》的倡议，组织承担社会责任的行为是被融于整个组织并被组织实施的"符合法律法规和国际行为规范，符合可持续发展理念（包括社会成员的健康和福祉），充分考虑利益相关方的期望"的行为。简而言之，企业社会责任是法律责任与道德责任的结合。以此为参照，可以发现存在一定数量的用人单位在生育成本分担问题上的行为，并未达到社会责

---

❶ 林嘉，张世诚. 社会保险立法研究[M]. 北京：中国劳动社会保障出版社，2011.
❷ 如昆明市规定，用人单位为职工缴纳生育保险连续缴费不满6个月的，不享受生育保险待遇；苏州市、福州市则规定须连续缴费分别满10个月和12个月。
❸ 董保华."社会法"与"法社会"[M]. 上海：上海人民出版社，2015.

任的要求。具体来说包括以下两个方面：

（一）违法转嫁或增加女职工生育成本

用人单位承担生育成本的社会责任以法律法规要求为最低标准。但在实践中，一些用人单位为达到降低用工成本的目的仍采取各种违法的手段，包括：不依法参加生育保险，违法解除与怀孕女职工的劳动合同，为女职工制定"生育时间表"等，将自身应依法承担的生育成本转嫁给女职工；不依法落实对女职工"三期"的特殊劳动保护——未建立女职工卫生室、孕妇休息室、哺乳室等设施，强行安排加夜班等，可能导致女职工在生理卫生、哺乳方面的困难，甚至健康受损，增加女职工为生育支出的费用。

（二）不合理地增加女职工生育间接成本

基于社会可持续发展理念与充分考虑女职工平衡工作与生活的期望，用人单位应承担一定的道德责任，帮助女职工减轻生育成本。但在实践中，有的单位不考虑女职工的家庭责任，要求孕后刚返岗的女职工长期出差；不为女职工提供合理的育婴假，为女职工带来心理和生理的负担；在经济实力允许的情况下，未提供托幼和其他便利等，使得女职工承受过重的生育间接成本。用人单位在生育成本的分担问题上，既存在低于法律责任要求的行为，也存在低于道德责任的行为，两者共同导致女职工负累的生育成本上升，也导致女职工与用人单位之间劳资矛盾的产生甚至激化。

三、家庭内部生育保障责任畸轻畸重

在家庭内部，父亲和母亲应该合理分工，共同抚养后代。但是实践中，家庭内部生育保障责任畸轻畸重，主要表现为男性生育保障责任承担不足，而女性过多地承担了养育职责。从法律制度的内容和实施层面来分析，主要原因在于：一是生育保障没有充分体现和赋予男性的生育保障责任。大部分生育保障法律、法规的具体内容都是基于女性视角出台的。由于生理原因，怀孕和分娩必须由女性完成。但是，生产后，女性和男性应当在养育过程中承担同等责任。从各地最新修改的《人口与计划生育条例》可知，赋予女性的产假时间一般在128天以上，立法赋予了男性7～30天不等的陪产假，普遍缺乏对男性育儿假的制度安排。这样设置假期将责任偏重于女性一方，还会引起女性职场的生育歧视。二是实践中时间极少的男性陪产假也得不到切实的执行。用人单位往往以"请假扣工资""不准假"等方式剥夺了男性休假权。

第四节 重构生育保障法律责任分担机制

一、国家责任：生育保障法律责任制度的重构与监督执行

由上文分析可知，当前生育保险法律制度、产假制度的缺陷是促成生育成本在三主体间不合理分担的重要原因。政府是生育成本的分配者，应肩负起生育保障制度改革的重任，立足于公平的全局观，从顶层设计上重新考虑成本的分担问题，以更好地维护社会正义。基于政府责任的视角，笔者拟提出如下的初步设想：

（一）构建全民覆盖的生育保障体系

生育保障权是一项基本人权，政府对其保障应普及全民，以完善制度的均衡性。据不完全统计，世界上有130多个国家进行了生育保险立法，其中大多数将生育保险作为疾病保险制度的一部分。我国近年来实行"两险合并"改革，生育保险和职工基本医疗保险合并正在全国如火如荼地开展，生育保险参保人数增加，缴费人数增加，扩大了基金收入规模，共济能力明显增强，经办流程也得到了优化，生育待遇领取更为便捷高效，但是与医疗保险相比，生育保险覆盖面还有扩大的空间，同时还应着重解决当前生育保险制度的碎片化问题，真正实现保障的全民覆盖。

（二）扩大生育保险资金的来源

为平衡生育成本各相关方的利益，应强调政府责任，尊重职工个人参保意愿，建立政府、个人、用人单位对生育保险资金的筹集制度。从域外经验来看，多数国家都规定由被保险人、雇主和政府三方或雇主与雇员两方负担对生育保险资金的筹措。结合我国国情，应着重强调政府财政责任的担当，不再将用人单位作为生育保险资金收入的唯一保障。在当前"供给侧结构性改革"的形势下，应继续紧扣降低企业用工成本这一重点，持续性、普惠性地降低各地生育保险费率，并通过财政转移支付，加大政府对生育资金的筹集，由政府承担全民生育医疗费用的兜底责任。同时，从个人责任角度出发，让有生育意愿的职工按照其月平均工资的一定比例缴纳生育保险费，作为生育津贴待遇资金来源的一部分；用人单位则以参加生育保险的职工人数为基础，也按比例缴纳险费。这样的制度设计，既充分体现了政府责任，又强化了民众的生育健康保障意识，更调动了用人单位的参保积极性，有助于劳动关系的和谐化。

（三）简化生育保险待遇的支付条件

全面取消生育医疗费用的支付条件，减少政策因素对生育津贴支付的"捆绑"，可以使更多参保女职工切实享受到生育保险待遇，减轻生育成本的负担。生育医疗服务的提供是生育保障的基础。在"全民生育保障"的设想下，取消生育医疗费用报销的各种条件是新体系构建的必然选择。对于女职工的生育津贴，取消违反计划生育政策与非婚生育等不得享受生育保险待遇的条件，按照"多交多得，长交多得"的原则向参保女职工支付。若用人单位未依法向社保经办机构缴纳生育保险费，则其将承担相应的行政责任，避免用人单位不履责的行为直接影响女职工生育津贴待遇的领取。

（四）促进生育津贴待遇标准的实质公平化

《产妇保护公约》明确要求，生育津贴应当足以维持产妇和婴儿的生活和健康。居民和职工，以及不同工种、职位的职工之间在劳动力价值上的差异，都应体现在生育津贴待遇的给付上，以体现实质公平。对于居民，根据地区消费水平的差异，发放最低保障标准的基本生育津贴；对于女职工，在基本生育津贴之外，以女职工本人月缴纳社保费用的平均工资作为计发生育津贴的标准，公平地补偿女职工因生育而丧失的机会成本，保障女职工在生育期间能维持正常的生活水平，并更好地照顾婴儿的生活。

（五）补偿用人单位因产假制度而过多承担的用工成本

按照必要性原则的要求，对于用人单位因女职工过于集中或因产假延长而多分担的生育成本，政府负有相应的减轻义务。有学者提出，可以通过建立一种女工劳动保护费用分担的新制度，[1] 不让生育成本畸高的单位独自承受经济损失和工作不便。一方面，政府以财政收入给予女工劳动保护费用的一定补偿；另一方面，政府还可以协调社会上的不同用人单位来共同承担不均衡的生育成本，分散女职工集中行业及单位的用工风险。这在理论上也符合我国劳动法、妇女权益保障法等维护女性正当权益的立法精神。

（六）引导与监督用人单位承担社会责任

《社会责任指南》的出台，为政府引导和监督用人单位承担企业社会责任提供了重要的参考蓝本。在面对用人单位违反法律法规的行为时，公权力应严格执法；在引导用人单位分担女职工生育成本时，则应当考虑用人单位的经济实力、

---

[1] 潘锦棠.女性就业保护政策亟待完善[J].中华女子学院学报,2014 (2):52-57.

发展水平等制约因素，以确保企业所设定的社会责任目标能够实现。特别是对小微企业，"不能'一刀切'地要求所有的企业承担相同的责任"，❶ 可通过设梯度减免税收、发放补贴等手段鼓励用人单位针对所在行业特点，为女职工提供更人性化的特殊劳动保护。如成立"妈妈班"生产线，在生产区域划分临时休息区，实行孕妇交替轮休管理制度等。

二、雇主责任：构建平衡工作—家庭的支持体系

基于企业社会责任的视角，用人单位既应承担对女职工生育保障的法律责任，也应强化自身的道德责任。劳动法和社会保障法中包含一些关于妇女等特殊群体的健康保障规范，《劳动法》和《社会保险法》等实体法和《劳动争议调解仲裁法》《工伤保险条例》等程序法共同构成了不断完善的健康权益保障法律。❷ 用人单位首要担负起的是对女职工生育成本分担的法律责任，这是构建和谐劳动关系的起点。用人单位应加强自身的法律意识，可以通过定期公布企业社会责任报告的方式，披露与法律责任承担情况相关的企业信息，便于政府及其他社会成员共同监督，并依此形成内生激励，促进企业法律意识的不断强化，并增强公众对企业产品及服务的信心。在道德责任方面，应着重强调工会，特别是女工委在落实企业对女职工生育保护的社会责任上的监督作用。"企业存在着趋利本性，我们不能将劳动关系的和谐完全寄希望于企业的自觉行为。"❸ 工会作为维护职工的合法权益的职业团体，督促企业履行对女职工生育成本的分担责任，女工委通过参与涉及女职工生育利益的劳动关系协调和有关保护女职工生育权益的规章制度的制定，助力用人单位道德水平的提升，为女职工提供完善的特殊劳动保护。但在我国，工会的职能还未完全发挥出来，有必要促进工会的改革，落实党的十九大提出的"完善政府、工会、企业共同参与的协商协调机制"，使工会为企业承担更全面的社会责任带来更大的推动力。只有做好上述各种发展机会的保障，才能够使育龄妇女无后顾之忧，也才能够真正实现我国有关立法的意图。

三、家庭责任：男女平等共担生育保障职责

随着男女平等观念深入人心，男女共担养育责任也应逐步推行。男性角色在孩子成长中的重要作用被广泛认同，越来越多的爸爸参与到子女的抚养、教育中

---

❶ 阳芳，张四海.企业社会责任及其制度保障[J].社会科学家,2008 (9): 109-112,116.
❷ 徐智华，苏炜杰.社会法视野下健康中国行动的实施及其制度保障.宁夏党校学报,2020,22(4):87-95.
❸ 董保华."社会法"与"法社会"[M].上海：上海人民出版社,2015.

来，但责任分担依然明显不足。可以通过男性带薪陪护假让男性承担更多责任，减轻职业女性的养育压力，保障女性劳动参与率；另外，设置父母育儿假制度，男性分担更多养育、安全以及教育责任，不仅可以保障女性的就业权利，也赋予男性更多的家庭权利。

本章小结

人口再生产是社会生产的必要前提，为社会经济发展做出巨大贡献，生育不仅具有物质资料生产所不能替代的社会价值，还是物质资料再生产得以不断进行的条件。生育责任包括保障生殖、抚育全过程顺利进行的所有责任。政府和所有社会成员均是生育成本的利益相关者。除必然承受生育成本的相关者——女职工及其家庭外，其他社会成员与女性生育利益均存在一定的联系。而政府与用人单位，是介入女职工生育成本分担的重要主体。女性为怀孕、生育和哺乳而遭遇的健康风险和经济风险也需要政府和社会共同分担。

在生育成本的相关利益者中，政府既是生育成本的分担者，也是分配者。政府是生育成本的重要分担者，源于政府的生育保障职能。为了国家的长治久安，保持人口增长的良好趋势，政府应加大生育保障力度，其直接表现就是对生育成本的分担。政府是生育成本的分配者，是公共利益的代表，可以公权力依法调动承担社会责任的资源。政府生育保障责任的承担体现在生育保障法律制度设计和监管责任、经济保障责任、公共服务保障责任。其中，经济保障责任主要体现为以下三个方面：一是当生育保险基金不足时，财政给予补助，保证有生育保险的职工能及时享受待遇；二是财政拨款，为所有无法享受生育保险的女性提供基本的保障；三是为没有能力照顾婴幼儿的家庭提供支持，包括托幼公共服务以及家庭照顾或支持。

雇主也是生育成本的重要分担者，这是用人单位承担企业社会责任核心内容的具体表现之一。企业对雇员的责任，始终是企业社会责任中的核心内容。用人单位承担生育责任体现在如下三方面：经济保障、时间保障以及为有婴幼儿照顾需求的员工提供一定的支持。时间保障主要体现在雇主应根据法律的相关规定，为有需要的怀孕女性调岗，免除怀孕女工的夜班和加班，减少工作量或工作时间，为怀孕女性提供产检和产假等。家庭在生育保障中的责任主要体现为经济保障责任和健康保障责任。

我国经历了从国家和家庭共担到雇主和家庭分担主要生育责任的过程。目前，我国政府的生育保障责任向用人单位和女职工转嫁；部分用人单位对生育成本的分担低于社会责任要求，而家庭内部男性生育责任分担不足，导致生育保障责任分担畸轻畸重，严重违反了公平原则。政府是生育成本的分配者，应肩负起生育保障制度改革的重任，立足于公平的全局观，从顶层设计上重新考虑成本的分担问题，以更好地维护社会正义。基于政府责任的视角应构建全民覆盖的生育保障体系、扩大生育保险资金的来源、简化生育保险待遇的支付条件、促进生育津贴待遇标准的实质公平化、补偿用人单位因产假制度而过多承担的用工成本、引导与监督用人单位承担社会责任。基于企业社会责任的视角，用人单位既应承担对女职工生育保障的法律责任，也应强化自身的道德责任。用人单位首要担负起的是对女职工生育成本分担的法律责任，这是构建和谐劳动关系的起点。用人单位应加强自身的法律意识，可以通过定期公布企业社会责任报告的方式，披露与法律责任承担情况相关的企业信息，便于政府及其他社会成员共同监督，并依此形成内生激励，促进企业法律意识的不断强化，并增强公众对企业产品及服务的信心。在道德责任方面，应着重强调工会，特别是女工委在落实企业对女职工生育保护的社会责任上的监督作用。随着男女平等观念深入人心，男女共担养育责任也应逐步推行。有必要通过男性带薪陪护假让男性承担更多养育责任，推行男女平等共担养育、安全以及教育责任。

第五章　生育歧视公益诉讼制度的构建

第一节　生育歧视公益诉讼概述

概念是法律的基本构成要素，对法律概念的精准界定是分析法律问题和进行法学研究的前提基础。迪亚斯也认为："法律概念的分析为我们研究某些关于法律性质的理论提供了基础，它可以使我们更敏锐地认识到这些理论的本质，概念分析越广泛，越深入，就越能认识到这些理论的本质。"❶

一、公益诉讼的缘起与发展

公益诉讼起源于古罗马，古罗马法的程式诉讼有公益诉讼和私益诉讼之分。一般来说，前者是指私人对危害社会公共利益的行为提起的诉讼，除法律有特别规定外，凡市民均可提起；后者是指私人基于个体权益提起的诉讼，仅特定的人才可提起。❷1806年，法国有关法律规定检察机关为了保护国家利益、公共秩序以及公共利益可以提起公益诉讼，这也是检察机关作为公益诉讼原告的来源。美国是公益诉讼制度最完备的国家，包括公民诉讼、集团诉讼和国家诉讼。依据1863年美国《反欺骗政府法》的规定，公民或企业只要发觉某人存在诱骗政府机关，诈取金额的情况，就有权以国家名义控诉实施此类行为的主体；依据1890年《谢尔曼法》和1914年《克莱顿法》的规定，针对实施了反托拉斯法禁止行为的主体，受害人、其他个人及组织有权起诉，且检察官可提起衡平诉讼。后来公益诉讼理念普及到世界其他国家，各国因历史传统、政治、经济和文化等差异，各自形成了不同的公益诉讼模式。

现代意义的公益诉讼制度概念根据起诉主体的差异，有广义和狭义之分。其广义概念是指任何人经过法律的授权，为了维护公共利益，都可向法院提起诉讼的司法制度；狭义概念是指国家机关为了维护公共利益，才可向法院提起诉讼的

---

❶ 张文显,李步云.法理学论丛（第2卷）[M].北京:法律出版社,2000.
❷ 周枏.罗马法原论（下册）[M].北京:商务印书馆,1996.

司法制度。关于公益诉讼制度概念的探讨，我国学者的观点各有侧重点。如有观点认为，公益诉讼是指经过法律法规授权的主体如公民或者相关组织，以诉讼原告的身份，对违反法律且侵害国家利益、社会公共利益的行为提起诉讼，由法院依法处理违法行为的司法活动。❶ 也有观点认为，所谓公益诉讼制度是指诉讼原告如国家、社会组织或者公民，对加害公共道德、社会秩序以及公共利益的行为，向法院提起民事或者行政诉讼，以期经过司法裁判后，追究行为主体的相关法律责任，从而使社会公共利益得到回复的诉讼制度。❷ 还有观点认为，公益诉讼制度是指一些国家机关、社会团体或者公民虽然与诉讼案件不具有直接利害关联，但是可以通过法律规定的诉权，依据自身职能或者为社会谋利益的信念，来保护实践中不特定主体利益的特殊诉讼制度。❸

分析以上观点，可以发现，学者们的观点既有共性也有个性。共性是指提起公益诉讼的必要条件是侵犯了公共利益；个性是指对公共利益范围的理解有差异。第一种观点认为，公共利益是国家利益和社会公共利益；第二种观点认为，公共利益是社会公共利益、公共道德以及公共秩序；第三种观点认为，公共利益是社会中不特定主体利益。

理解公共利益的概念是认识公益诉讼制度的关键，本文认为公共利益是一个变化的、发展的概念，是一个国家政治、经济和文化综合作用的产物。它有两个不能忽视的特点：其一，从数量上来看，利益主体是社会中大多数人。"公共"二字表示大家、大众的含义，是一个群体性代名词，且该群体是动态的，个人是可以自由进入或者退出的。其二，从范围上来看，公共利益的"利益"是属于历史发展的范畴，内容随时代不断更新，主要体现为一国的政治利益、经济利益和文化利益。因此，对公共利益的理解要紧密联系国家的具体国情，不同时期的国家环境，公共利益的表现形式是不同的。如我国《民事诉讼法》第五十五条规定了公益诉讼制度的类型，明确环境和多数消费者的权益体现为一种公共利益。造成环境损害或侵害多数消费者权益的案件，侵害了社会公共利益，原告可以利用公益诉讼解决纠纷。

公益诉讼与私益诉讼的重大区别是公益诉讼关涉国家利益和社会公共利益。私益诉讼在我国分为民事诉讼和行政诉讼，是保护个人利益的有力救济方式。囿

---

❶ 颜运秋.公益诉讼理念研究[M].北京：中国检察出版社,2002.
❷ 赵许明.公益诉讼模式比较与选择[J].比较法研究,2003(2):68-74.
❸ 张卫平.民事公益诉讼原则的制度化及实施研究[J].清华法学,2013,7(4):6-23.

于现行法律制度的规定以及制度功能的不同，私益诉讼在维护公共利益方面，和公益诉讼相比存在很多不足。其一，体现在诉讼原告上。私益诉讼的原告必定要和所诉案件具有直接利害关系，而公共利益的主体是不特定的，所以个人作为原告不符合法律关于公益诉讼原告的规定，法院一般不会予以立案。即使个人提起公益诉讼被法院立案，但是由于个人在诉讼能力、精力和相关费用上也是十分有限的，案件胜诉的可能性极低。公益诉讼的原告不仅多元化，而且不限定要与案件有直接利害关系。行为人的侵权行为只要损害了国家利益和社会公共利益，检察机关和社会组织都可作为诉讼原告。检察机关和社会组织拥有的法律专业人才较多，且资金储备较充足，这比个人提起公益诉讼更有优势。其二，体现在诉讼功能上。私益诉讼的启动需要损害事实的实际发生，而公益诉讼的启动并不需要损害事实的实际发生，只要损害事实具有明显发生的可能性即可，这对于防止无法弥补的损害发生具有重要意义。其三，体现在诉讼程序上。私益诉讼以解决私权争议为依归，严格适用民事诉讼程序或者行政诉讼程序，法官的职权在案件审判中受到较多限制。首先，与私益诉讼相比，人民法院关于公益性案件的审判在行使司法权方面较为积极，法官可以主动收集与公共利益保护相关的证据，且证据的范围可在一定程度上扩大；其次，在审判程序方面不受私益诉讼中辩论主义的限定，如法官的判决可不限于原、被告的诉讼请求，具有扩张性；最后，与私益诉讼相比，在公益诉讼中针对原、被告自认的事实，人民法院要经过一定的审查，才能作为最终裁判的依据。

二、生育歧视公益诉讼

在实践中，生育保障公益诉讼的案例多集中于生育歧视领域，其他类型案例极为罕见，故本文以生育歧视公益诉讼为生育保障公益诉讼的典型代表进行重点研究和阐述。生育歧视，属于就业性别歧视中的一种情形。若对二者进行严格区分，根据歧视发生的原因，二者属于包含与被包含关系，生育歧视属于就业性别歧视的最为常见的类型。在本文中，对生育歧视和就业性别歧视不做严格区分，考虑到很少有研究将"生育歧视"从"就业性别歧视"中单独剥离开来进行研究，本文中为了表述方便，忽略二者差异，将其等同视之。就业性别歧视是指用人单位仅因为性别因素，而非因为与工作能力或工作岗位要求相关等关键因素对女性在就业或职业过程中所实施的不合理的差别对待，最终对求职女性的就业机会或在职女性的工作待遇造成不利影响。就业性别歧视是一个综合性概念。想要全面理解其含义，需要对该名词进行拆分，弄清楚何为"歧视"、"就业歧视"以及"性别歧视"。何谓歧视？张千帆教授提出，判断某不同对待行为是不是歧视，应从两个方面去界定：首先，该差别对待行为必须有正确目的，即是贴近人们一般思维的正当目标；其次，实现该目标的方式是合理的。❶ 何谓就业歧视？蔡定剑教授认为，所谓就业歧视，是指政府或者私人机构基于与人的能力无关的要素不合理地拒绝录用和差别对待员工的行为。❷ 在就业过程中，与人的能力无关的这些要素通常表现为应聘人员的性别、年龄、身高、户籍、健康状况等客观心理特征和客观身份特征。何谓性别歧视？根据1979年联合国大会通过《消除对妇女一切形式歧视公约》的规定，性别歧视是指基于性别而做的任何区别、排斥或限定，这些行为足以使女性确信男女就业地位不平等并且无法真正享有法律规定的基本人权和基本自由。❸

从现实情况来看，女性遭受就业性别歧视侵害的原因主要有：其一，女性于适龄阶段要生育，必然要离开工作岗位，而根据国家规定，用人单位要为女性职工保留职位并支付工资，这说明当女职工处于生育期间内，公司不仅不能获得收益，而且会增加资本输出。此外，女性在哺养子女阶段需要花费大量时间和精力的投入，在工作方面可能会投入不足，影响女性的职业发展。其二，依据国家对女性"四期"期间的保护规定，且女性自身体力较弱，与男性职工相比，用人单位对女职工的用工限制较多。因此，用人单位在选择岗位员工时，一般对男性求职者优先考虑。此外，随着"三孩"政策的全面推行，用人单位对女性的就业性别歧视加重。可见，就业歧视最常见的表现就是因女性的生育行为而导致的歧视。

（一）生育歧视的表现形式

近年来，用人单位的生育歧视方式日益多样化。生育歧视的表现形式可主要归纳为以下两种类型：

1. 机会性别歧视

机会性别歧视的对象是求职女性，其含义是指在招聘者选聘职工的过程中，招聘者往往不会考量求职者的工作能力或招聘岗位的需求，仅仅考量求职者的性别或与性别有关的其他因素，而提高对求职者的招聘标准甚至直接拒绝求职者。机会性别歧视主要表现在两个方面：一是招聘机会不均等；二是在选聘职工过程

---

❶ 张千帆.大学招生考试多元化的宪法底线——兼论高考分省自主命题与大学自主招生制度的违宪性[J].法商研究,2010,27(5):59-66.
❷ 蔡定剑.就业机会平等是社会和谐的必由之路[J].人民之友,2010(8):9-11.
❸ 田庆涛.就业性别歧视的法律规制研究[D].重庆:重庆大学,2015.

中，求职者性别的差异导致录用标准不合理的差异。在实践中，大多数招聘单位都了解到，雇用女性的用工成本往往要比雇用男性多。基于对公司效益最大化的追求，即使法律禁止就业性别歧视行为，大多数招聘单位一般也会拒绝雇用女职工。这导致实践中女性群体求职机会较少，她们的公平就业权面临危机。

2. 职业性别歧视

职业性别歧视的对象是在职女性，其含义是指在女性工作过程中，用人单位出于对职工性别或与其性别相关因素的考量，在劳动环境、工资报酬、岗位晋升等职业待遇方面予以不合理、不合法的差别对待。主要表现在两个方面：一是因性别要素在岗位晋升、劳动环境、职业培训等方面予以差别化对待；二是因性别要素使创造相同或相近价值的女职工，不能获得与男职工相同的报酬或福利。"多大年龄？""是否结婚？""有没有生过孩子？"……不少女性在应聘时都被问到过这些问题，有些女性甚至可能因为某些条件没有"达标"，无奈失去了入职的机会。据智联招聘发布的《2021中国女性职场现状调查报告》显示，有近六成的女性在求职过程中被问及婚姻生育状况，而同一问题仅有两成男性会被问到。不过，实践中有些特殊工作的要求不构成就业性别歧视。其一，我国法律依据女性的特殊的生理和心理需要，专门规定了有些工作岗位禁止女性入职。例如，根据我国《妇女权益保障法》第五十九条的规定，用人单位应该安排符合女性体力状况的工作，要低于第四级体力劳动；女性的工作环境不能太差，比如矿山、井下等工作地点就不适合女性。其二，依据岗位的性质，招聘单位对性别不同的应聘者可予以区别对待。原因在于：该岗位或者是用人单位经营相关业务，维持正常运行必不可少的；或者是用人单位正常运营的合理、合法需要。

（二）生育歧视公益诉讼制度

生育歧视公益诉讼制度是指检察机关或者具有特定资质的社会组织根据法律规定，对用人单位在招聘到解聘过程中实施的生育歧视行为，造成不特定女性的平等就业权受侵害而提起的诉讼，由法院依法审查，使行为人受到处罚的制度。

用人单位对女性群体实施的生育歧视行为，侵犯了公共利益，原因在于：其一，受害主体具有普遍性和不特定性。用人单位实施的生育歧视行为表面上侵害的是单个女性平等就业权，实际上是对社会中潜在的不特定女性平等就业权的侵犯，这与公共利益的主体特征相契合。其二，生育歧视行为侵害了女性群体的平等就业权。平等就业权是宪法中平等权在劳动法领域的具体体现，是公民生存发展权的基础,也是国家贯彻落实男女平等基本国策的体现。因此,平等的就业权益体现为一种人权利益。由此可知,生育歧视行为实质侵害的是一种公共利益,而公益诉讼是保障公共利益的最佳方式,是具有相同利益诉求的群体维护权益的重要手段,也是公众维护公共秩序的有效途径。因此,构建生育歧视公益诉讼制度是逻辑使然。

生育歧视公益诉讼制度按照案件被告的不同,可分为生育歧视民事公益诉讼制度和生育歧视行政公益诉讼制度。前者是指检察机关或者具有特定资质的社会组织根据法律规定,针对企业、事业组织等用人单位实施的就业性别歧视违法行为,向法院提起民事诉讼,并借此维护公共利益的一种法律制度。被告是用人单位,如企业、事业组织等,原告胜诉结果一般是直接要求实施歧视行为的用人单位停止侵害行为、赔礼道歉等。此种救济方式对受害群体来说具有直接性。生育歧视行政公益诉讼制度是指检察机关或者具有特定资质的社会组织根据法律规定,针对行政主体实施的生育歧视违法行为或者不作为,向法院提起行政诉讼,以此维护公共利益的法律制度。生育歧视行政公益诉讼的被告是行政机关,原告胜诉结果是要求被告依法履行法定职责,即要求用人单位停止侵害行为或者要求劳动监察等部门履行监察职责。此种救济方式对受害群体来说具有间接性。实践中,女性群体平等就业权受到的侵害大多是由用人单位的就业性别歧视行为造成的。

自党的十八届四中全会决定明确提出"探索建立检察机关提起公益诉讼制度"以来,全国上下严格贯彻落实党中央的决策部署,探索建立检察机关提起公益诉讼制度。在上述背景下,试点改革在全国13个地区率先展开。[1] 2005年12月3日,《国务院关于落实科学发展观加强环境保护的决定》(国发〔2005〕39号)中明确提出"研究建立环境民事和行政公诉制度""推动环境公益诉讼"。此后,公益诉讼制度有所发展,但仍面临着缺乏法律规范保障的尴尬。直到新《民事诉讼法》明确将民事公益诉讼从法律的高度确立下来,这一情况才开始好转。2014年《中共中央关于全面推进依法治国若干重大问题的决定》首次明确地提出"探索建立检察机关提起公益诉讼制度"。2015年7月1日,《全国人民代表大会常务委员会关于授权最高人民检察院在部分地区开展公益诉讼试点工作的决定》(以下简称《试点决定》)发布,这是严格贯彻落实"凡属重大改革都要于法有据"重要思想的体现。次日,最高人民检察院发布了《检察机关提起公益诉讼改革试

---

[1] 13个试点地区分别为北京、内蒙古、吉林、江苏、安徽、福建、山东、湖北、广东、贵州、云南、陕西、甘肃。

点方案》(以下简称《试点方案》)。《试点决定》与《试点方案》的发布为检察机关提起公益诉讼提供了直接的法律依据。2015年12月16日,《人民检察院提起公益诉讼试点工作实施办法》(以下简称《试点办法》)正式开始实施,设专章就提起行政公益诉讼相关问题进行了规范。作为推进试点工作配套制度的一部分,最高人民法院制定了《人民法院审理人民检察院提起公益诉讼案件试点工作实施办法》(法发〔2016〕6号)。最高人民检察院发布的《人民检察院公益诉讼办案规则》(高检发拜字〔2021〕2号)自2021年7月1日起施行。上述规范性文件的发布和实施对公益诉讼的实践发展发挥着重要作用。

第二节 生育歧视公益诉讼制度的理论基础

一、平等就业权理论

就业是劳动者借助劳动获得生活来源并实现自己社会价值的前提。在西方国家,平等就业权是公民人权平等的基本务求和具体反映。"人人生而平等"和"社会公平正义"是平等就业权的最终目标。因此,平等就业权对于每个人以及整个社会都具有非常重大的意义,在人权体系中也具有重要的地位。第二次世界大战后,人们对战争罪恶和反人类暴行进行反思,开始重新思考人权、平等、正义等概念的真正意义,对人权的体会越发深刻,对人权的诉求更加急切而强烈,平等就业权问题受到国际社会的普遍关注。1948年联合国大会施行的《世界人权宣言》把对平等就业权的保护从道德应然层面落实到法律实然层面上来。1966年联合国大会施行的《经济、社会及文化权利国际公约》从法律上确认平等就业权是一项重要人权,其中第6条明确规定"各缔约成员都应认同工作权,包含每个个体都有机会凭其意志选择和所从事的工作来获得物质来源的权利"。与此同时,国际劳工组织大会也通过了一些保障平等就业权的国际文件,如1958年的《消除就业和职业歧视公约》等,与联合国通过的有关国际文件相对比,这些文件关于平等就业权保护的内容不仅更加细化,而且提高了法律适用的可操作性。如1958年《消除就业和职业歧视公约》不仅限定了就业及就业歧视等重要概念,而且要求成员国在国内法中对消除就业歧视做出具体规定。此后,更多的国家和区域在法律中对平等就业权予以确认和保障。美国1866年《公民权利法案》中就对实施歧视的私人违法行为规定了刑事惩罚措施。接着,美国又陆续颁布了1963年《同酬法案》和1972年《平等就业机会法案》等法律,以此促进男女公平就业,禁止就业性别歧视。在亚洲,日本 1985 年的《男女雇用机会均等法》等,也为女性平等就业权的保障发挥了重要作用。20 世纪 20 年代,中国资本主义经济获得了一定发展,就业领域的平等就业权被侵害现象开始显现,并引起了部分学者的初步关注。改革开放初期,社会经济获得了较快发展,就业市场随之发展,而我国在平等就业权的立法方面存在诸多缺陷,关于平等就业权的理论探讨进入了法律制度领域。

21 世纪以来,我国市场经济快速发展,就业市场的活跃度不断提高,相应地,就业歧视现象也不断增多,平等就业权问题为学界所普遍关注,进而展开整体性探究。在劳动法研究领域中,学者们对平等就业权含义的限定,主要分为狭义与广义这两种看法。狭义的平等就业权含义是平等的就业机会,广义的平等就业权不仅包括平等的就业机会,还包括职业过程中的待遇平等。笔者认同广义的平等就业权含义,平等就业权是指劳动者就业机会平等与职业待遇平等的统一。劳动者切实地享有平等就业权,不仅是其生存权实现的基础,而且是其相关权利如发展权、财产权、受教育权等实现的基础。实践中,我国就业领域存在的性别歧视严重损害了女性群体的平等就业权,一定程度上导致了人力资本市场竞争秩序的失衡,损害了社会公共利益。虽然我国《劳动法》《妇女权益保障法》等相关法律对抑制就业性别歧视已有一些规定,但是在实践中,当受歧视女性向法院起诉用人单位的生育歧视行为时,往往由于相关法律规定的原则性过强,受害女性很难通过私益诉讼途径获得有效救济。受歧视女性失去了平等就业机会,不仅自身的社会价值无法实现,而且也没有了生活上的物质保障,使本身处于弱势地位的她们充满了生存的不确定感。这一群体生活质量的逐渐降低,会导致家庭的不和谐,不利于社会的和谐稳定。"通过法律让司法获得变革社会的力量"❶ 和保护社会公共利益是公益诉讼的内在优势。利用公益诉讼来解决女性平等就业权受侵害问题,可以把现实中生育歧视现象置于公众监督之下,有助于就业性别不同等对待现象的消除,也有助于弥补女性平等就业权现行司法救济制度的不足。

二、程序当事人理论

程序当事人理论是对传统当事人适格理论的突破。当事人适格理论是在德国的普通法末期实体法律与程序法律相离过程中产生的。❷ 它指的是在争议案件的

---

❶ 徐卉.通向社会正义之路——公益诉讼理论研究 [M].北京:法律出版社,2009.
❷ 潘申.比较法视野下的民事公益诉讼 [M].北京:法律出版社,2011.

审判中，可作为当事人来起诉或被诉，且获得该案裁判的程序法上的权能或地位，此种权能或地位在学术上被称为诉讼实施权，具有该权能或地位的人就是适格的当事人。❶ 传统的当事人适格理论强调，案件当事人适格的前提是对行为客体的管理权和处分权，即起诉主体必须与案件有直接利益牵连，这是采用了实体当事人标准。但是赞同该观点的学者没有考虑到，在形成之诉和确认之诉案件中，对行为客体的管理权和处分权较难成为当事人适格的前提。并且现代社会中出现了很多直接受害个体的损害不大但群体受损总额很大的纠纷，如就业性别歧视、消费者权益和环境污染等。如果强调与案件有直接利益关系的主体才有资格向法院起诉，则由于救济成本等要素的考量，很多受害者会选择放弃起诉，从而使侵权者获益，客观上默许了此种违法行为的继续实施。为了使此类涉及不特定多数人的利益纠纷得到妥善解决，一种新的程序制度原告理论开始兴起。

要解决公益诉讼原告身份问题不能从实体法上确定起诉主体，有必要对传统的当事人适格理论进行突破，要从程序法上去寻找公益诉讼原告身份的依据，而程序当事人理论就非常契合公益诉讼原告资格的理念。程序当事人是指能够向法院起诉的主体要从程序规范自身去寻找依据，而不能局限于是否有实体规范上的权利义务关联，从而使实践中诸如就业性别歧视诉讼、消费者权益诉讼和环境污染诉讼等涉及公益的案件可以进入诉讼程序。关于程序当事人的含义，我国学者谭兵认为，程序当事人在实际操作中上可以这样限定：起诉主体是基于起诉书或者法院诉讼文献资料的记载，接受人民法院为化解相关矛盾纠纷而进行法庭审理的诉讼当事人。❷ 学者肖建华认为，程序当事人，理当是以自己的身份起诉和应诉，要求人民法院保障其民事权利或法律关系的人连同其对立方，应包含所有切合诉讼程序讲求的起诉和应诉的主体。学者潘申明认为，程序当事人是指与行为客体无直接利害关联的人，即辨别某一个人是不是适格的起诉主体，只需看现实中是谁在诉讼，而不需要从实体规范中思量他与行为客体之间的关联。❸

通过以上分析，可以发现，学者们对程序当事人概念的理解具有共通性，即在案件审判过程中，起诉主体无须与案件标的有直接利害关联，也就是说非直接利害关系人也可以为他人利益或公共利益成为诉讼当事人。程序当事人理论的确立拓宽了传统私益诉讼当事人的身份范围，承认了与案子没有直接利害关联的人

---

❶ 中村英郎.新民事诉讼法讲义[M].陈刚,林剑锋,郭美松,译.常怡,审校.北京：法律出版社,2001.
❷ 谭兵.民事诉讼法学[M].北京：法律出版社,1997.
❸ 潘申明.比较法视野下的民事公益诉讼[M].北京：法律出版社,2011.

提起诉讼，请求法院审判的正当性，为生育歧视公益诉讼制度原告资格多元化提供了理论支持。因此，在生育歧视公益诉讼案件中，检察官和具有特定资质的社会组织虽然与案件无直接利害关系，但是为了维护不特定女性的平等就业权益，能够向法院提起诉讼，使用人单位的违法行为得到追究并受到处罚，消除就业性别不平等对待现象的目标将向前迈出一大步。

三、诉讼担当理论

诉讼担当理论是从德国发展而来，后来被日本逐渐接受并得到进一步发展，在大陆法系诉讼学理论中占有重要地位。关于诉讼担当的概念，域外学界有不同看法。有学者认为，诉讼担当是指第三人替代诉讼标的之权利义务的主体（或者与权利义务主体同时）持有具备案件原告资格，并且该案件的裁判效力也及于权利义务主体的概况。❶ 也有学者认为，诉讼担当是指实体规范中的权利享有者或在诉讼案件之外的第三人为了他人的利益或代表他人的利益，可以自己的名义作为案件原告，向法院起诉一项关涉他人权益的纠纷，法院判决的效力及于原来的权利主体。以上学者对诉讼担当的理解有相同点也有不同点。相同点在于，都认为真正权利义务主体之外的第三人以自己的身份向法院起诉，判决效力及于真正权利义务主体。不同点在于，被担当人是不是享有诉讼实施权。关于诉讼担当的分类，分为法定的诉讼担当和任意的诉讼担当。法定的诉讼担当也可以分为两类。其一，指的是基于实体法或程序法上的规范，第三人对他人的权利以自己的名义提起诉讼。其二，是指诉争案件法律关系以外的第三人基于自身的职务或者对社会公共利益的保护而享有对他人的权利或法律关系的诉讼实施权，这种诉讼实施权也是基于实体法或诉讼法上的规定而产生的。任意的诉讼担当也可以分为两类。其一，是指法律明确允许一定类型的案件可以由他人进行诉讼担当，如日本的选定当事人。其二，是指为了解决多数人诉讼以外的他种诉讼担当。为了使任意的诉讼担当理论更好地应用于实践，多数国家的法律都规定，任意的诉讼担当不仅要有原来权利人的授权，而且诉讼担当人对提起的案件要具有诉讼的利益，任意的诉讼担当才具有合法性。在我国，虽然法定的诉讼担当有法律依据，但是学者们对法定的诉讼担当类型有不同看法，主要有以下类型：死者继承人对死者人格权受侵犯案件有诉讼实施权、死者继承人对死者知识产权中人身权受侵犯案件有诉讼实施权、死者继承人对死者因受到侵权而死亡案件有诉讼实施权、母亲

---

❶ 高桥宏志.民事诉讼法制度与理论的深层分析[M].林剑锋，译.北京：法律出版社,2003.

对其胎儿继承权受侵犯案件有诉讼实施权等。

笔者认为，法定的诉讼担当本质上是指非实体权利义务人以自己的名义代替被担当人，实施案件原告的诉讼权利，这种诉讼实施权仅仅是诉讼法上权利的让与，不包含实体权利的让与，这就为公益诉讼制度原告资格多元化提供了理论支持。实践中，检察机关和具有特定资质的社会组织为了维护社会公共利益，拥有对污染环境和侵害消费者权益等案件的诉讼实施权，这就是法定的诉讼担当理论的典型应用。在生育歧视案件中，多数原告是经济实力较弱、法律知识较贫乏的女性，被告是资金雄厚的用人单位以及诉讼经验丰富的律师团队，对比之下两者的诉讼力量有较大差别，原告在诉讼中是处于不利地位的。生育歧视公益诉讼制度的优势之一就是增强了原告的诉讼力量。根据法定的诉讼担当理论，平等就业权受侵害的女性群体可以把诉讼实施权让与检察机关或者符合特定资质的社会组织，由检察机关和社会组织就用人单位的就业性别歧视行为，向法院提起公益诉讼。

第三节　构建生育歧视公益诉讼制度的现实基础

一、现行法律制度消除生育歧视之不足

当女性在求职或者就职过程中受到了生育歧视对待时，通过法律途径去保护自己的平等就业权是必要的。目前，我国现行法律制度对就业性别歧视的消除已有规定，并发挥了一定的作用。不过，这些法律存有一定局限性，在消除就业性别歧视、保护女性群体平等就业权方面有一定不足之处。其一，在采用非诉讼途径维权的过程中，作为求职女性，难以依据现有的法律启动劳动仲裁程序维权；其二，生育歧视在实践中往往较为隐蔽，很难被识别和认定，劳动监察部门执法亦存在不足之处；其三，工会、妇联等非政府机构因缺乏执法权，效果并不理想；其四，受歧视女性作为原告，诉讼力量单薄，生育歧视行为具有隐蔽性，原告对此举证存在困难，也存在诉讼成本较高的问题。本部分的详细内容在本书的第二章第二节有详细阐述，在此不赘述。

二、公益诉讼消除生育歧视之优势

从我国消费者权益公益诉讼和环境公益诉讼等实践情况来看，公益诉讼制度对于保护不特定多数群体的权益和保护社会公共利益具有非常积极的作用，这是

因为该制度具有独特的内在优势。同样地，将公益诉讼作为消除生育歧视的一种救济方式，其自身所具有的制度优势将有利于充分保护女性群体的平等就业权，稳定公平竞争的就业秩序。

关于生育公益诉讼制度的优势，主要体现在以下几个方面：

（1）生育歧视公益诉讼制度能够集合社会力量参与诉讼。在实践中，生育歧视公益诉讼程序的启动是有前提条件的。当用人单位实施了生育歧视行为，对女性群体的平等就业权已经造成损害或具有造成损害的明显可能性时，原告才可向法院提起诉讼。生育歧视公益诉讼的原告资格多元化，其中包括具有特定资质的社会组织。而社会组织是由公众自愿成立的集合体，可在较大范围内汇集社会力量。由社会组织提起生育歧视公益诉讼，体现了保护社会公共利益的全民性。并且生育公益诉讼的原告在胜诉后还可以得到精神奖励和金额奖励，可提升全民参与保护社会公共利益的积极性。可见，生育歧视公益诉讼制度能够呼唤和召集社会力量对女性群体平等就业权的保护。

（2）生育歧视公益诉讼制度在一定程度上能够避免损害的直接发生。公共利益受损害的事实是否确定发生并不是提起生育歧视公益诉讼的必要条件。只要根据有关情况，能够合理判断社会公共利益受到明显可能性的侵害时，就可以启动该程序。这可以有效地避免公共利益被用人单位的生育歧视行为所侵害，将生育歧视行为消灭在初始阶段。这种预防功能对于女性群体平等就业权的保护具有重要意义。因为女性群体的平等就业机会一旦遭受破坏，公平竞争的就业秩序就难以维持，女性群体很有可能被排除在劳动力市场之外，这会导致女性在社会生活中承受较大压力，对女性身体可能会造成无法挽回的损害。如案例中的樊女士因受到生育歧视对待而提起诉讼，在这期间由于承受较大压力，该女士不幸流产，这对她的身体造成了无可挽回的损害。因此，法律有必要在女性群体平等就业权受侵害事实尚未发生但具有明显发生的可能性时，就应该允许具有原告资格的主体利用司法途径加以控制，从而避免损害的扩大或者无可挽回的损害发生。

（3）生育歧视公益诉讼制度既可以提高审判效率，也可以节约制度资源。一方面，生育歧视公益诉讼将若干个具有相同或类似内容的生育歧视争议聚集于同一诉讼之中。通过法院对此类公益诉讼案件的审结，女性这一群体的平等就业权得到保护，从而避免了相同或类似个案纠纷的重复诉讼，提高了审判效率，也节约了法院人力、物力等司法资源。另一方面，生育歧视公益诉讼不需要国家额外增加财政支出，来另设专门机构运行，仅需要通过立法，将生育歧视纳入公益诉讼受案范围，利用现有的诉讼制度资源就可启动。这体现了生育歧视公益诉讼制度自身所具有的经济性。

（4）生育歧视公益诉讼的影响具有潜移默化性和深远持久性。涉及公共利益的案件往往易引发公众关注，潜移默化地引起全民思考，反生育歧视观念逐渐深入人心，营造出社会公众共同保护女性群体平等就业权的良好氛围，促进生育歧视问题的根本解决，保护社会公共利益，促进社会和谐发展。

（一）公益诉讼聚焦生育歧视

近年来，相关部门探索将妇女权益领域存在的就业性别歧视问题纳入检察公益诉讼范围。2020年1月，最高人民检察院与全国妇联联合下发《关于建立共同推动保护妇女儿童权益工作合作机制的通知》（以下简称《通知》），规定"针对国家机关、事业单位招聘工作中涉嫌就业性别歧视……检察机关可以发出检察建议，或者提起公益诉讼。"2021年9月发布的《中国妇女发展纲要（2021—2030）》也明确规定要促进开展妇女权益保障领域的公益诉讼。正在征求意见的《中华人民共和国妇女权益保障法（修订草案）》第七十八条也增加了建立妇女权益保障公益诉讼检察制度的规定。

在生育歧视公益诉讼的探索中，浙江和河北两地检察机关率先做出尝试。据媒体报道，2021年9月24日，杭州市妇女联合会"益心为公"志愿者向杭州市人民检察院移送一条就业歧视线索，反映杭州市钱塘区某街道村级后备干部公开招考中存在限制岗位性别、损害妇女平等就业权的情况。杭州市人民检察院将线索交由杭州市钱塘区人民检察院办理，该院派员调查后发现，该街道发布的公开招考村级后备干部的公告中，招考人数共30人，涉及街道下辖的20个村社，除其中一个村招考不限男女外，12个村限定只招考男性，男女岗位人数比例为22∶7。杭州市钱塘区人民检察院认为，妇女享有与男子平等的就业权利，村级后备干部不属于不适合妇女的工种，该街道在公开招考中的岗位性别限制，侵犯妇女平等就业合法权益，损害社会公共利益。在上级检察院的指导下，2021年9月30日，杭州市钱塘区人民检察院向该街道制发公益诉讼诉前检察建议，要求对招考公告中所涉不当信息及时进行处理，规范招考，完善长效监管。随后，街道对检察建议进行了落实整改，10月9日，相关招考公告被撤下，就男女比例差额部分，街道面向女性推出同等数额的岗位，以达到性别比例一致。

2020年5月，河北省邢台市临西县人民检察院也办理了一起督促整治就业性别歧视行政公益诉讼案件，针对县政府网站中某局发布的劳务派遣人员公告仅招聘男性的情况，临西县人民检察院认为县人力资源部门怠于履行劳动监察职责，经河北省人民检察院、邢台市人民检察院批准，对此立案调查，向县人力资源和社会保障局送达《关于加强劳动监察的函》，要求切实履行劳动监察职能，对全县机关、事业单位招聘简章进行审查，杜绝类似问题再次发生，同时对此次违法招聘劳务派遣人员一事，督促整改或采取补救措施，挽回影响，依法招聘。据了解，2021年10月，该案被评为河北省第六届依法维护妇女儿童权益十大典型案例之一。

（二）有效保护女性就业平等权

2021年两会期间，最高人民检察院第八检察厅厅长胡卫列接受媒体采访，曾对检察机关开展妇女权益保护领域公益诉讼的必要性做出解释。检察监督有利于弥补多责任主体协同性不足，检察机关作为法律监督机关和公共利益代表，通过督促履职能有效解决"九龙治水"难题，也有利于增强法律救济的刚性。对于浙江和河北两地检察机关率先针对生育歧视公益诉讼做出的探索，受访专家给予了积极评价。目前就业市场普遍存在就业性别歧视，纠正就业性别歧视需要通过有力的法律手段，公益诉讼是较为有力的方式之一。对于劳动者来说，生育歧视公益诉讼制度的确立畅通了个人维权的渠道。检察机关作为法律监督机关，通过公益诉讼的方式维护个人权利和法律尊严，符合宪法精神和法律精神。由检察机关提起反生育歧视公益诉讼，比公民个人提起更具优势。因为对于劳动者来说，由于个人力量弱小，难以与用人单位形成平等抗衡，且生育歧视诉讼所需时间长、取证难、举证难度大，个人很难通过私益诉讼维权成功。生育歧视公益诉讼检察制度的建立，能够借助检察机关的力量提起公益诉讼，保护女性的就业平等权益，符合妇女权益保护发展脉络，也是将现行国家立法中所确立的民事公益诉讼的法律条文在实践层面进一步拓展和细化的具体表现。根据《通知》的规定，目前仅将国家机关、事业单位招聘工作中存在的生育歧视情况纳入公益诉讼范围。周伟认为，由于大部分生育歧视问题存在于企业之中，除国家机关、事业单位外，也应将企业招聘中存在的生育歧视现象纳入公益诉讼范围。吕孝权也认为，检察机关从国家机关、事业单位招聘工作启动反生育歧视公益诉讼，有助于消除国家机关、事业单位招录中存在的性别歧视现象，更好地发挥公益诉讼的示范性作用，待试点成熟后可拓展到所有单位。

第四节　构建生育歧视公益诉讼制度的路径

随着社会公共利益被侵害现象日益增多，公共利益受损类型呈现多样化，如环境污染、众多消费者权益被侵害等。民事私益诉讼对社会公共利益的保护存在不足，不特定多数人的权益难以得到有效救济。为了充分保护社会公共利益，我国不仅建立了民事公益诉讼制度，而且在实践中不断对此制度进行完善，以更好地适应社会现实的需求。

2012年修订的《民事诉讼法》第五十五条首次规定了经法律授权的机关和具有特定资格的社会组织可以对污染环境和侵害众多消费者权益等损害社会公共利益的行为，以案件原告身份向法院提起诉讼，这标志着我国正式在法律上确定了民事公益诉讼制度，并明确了公益诉讼的案件范围，主要包括污染环境案件和侵害众多消费者权益案件。2017年6月修改后的《民事诉讼法》第五十五条规定新增了检察机关提起公益诉讼的职责，明确规定了检察机关可以对破坏生态环境、资源保护、食品药品安全领域等损害社会公共利益的行为，以案件原告身份向法院提起诉讼，这不仅标志着我国以立法的形式正式确立了检察机关提起公益诉讼的制度，而且公益诉讼案件的领域得到了拓展。从以上法律规范情况来看，现行民事公益诉讼案件的领域不断拓展，公益诉讼制度不断完善。

2019年10月中旬，最高人民检察院召开新闻发布会，通报2017年7月以来全国检察机关公益诉讼工作情况，发布了26件公益诉讼典型案例。其中涉及民事公益诉讼案例的有6件，案例领域覆盖生态环境、资源保护、食品药品安全、英烈名誉保护及英烈设施等，如河北省保定市人民检察院诉霍某侵害凉山烈士名誉权、荣誉权民事公益诉讼案，海南省海口市人民检察院诉海口琳雄物资工贸有限公司龙桥分公司等生产销售不合格包装饮用水民事公益诉讼案等。从公益诉讼实践情况来看，现如今公益诉讼案件类型已不局限于侵害众多消费者权益和污染环境等传统领域，出现了诸如食品药品安全、生态资源保护、英烈名誉保护及英烈设施等新领域。可见，在法律制度上，民事公益诉讼制度的受案范围不断拓宽；在实践中，民事公益诉讼案件涉及的领域越来越广。民事公益诉讼制度对保护弱势群体权益和社会公共利益发挥了重要作用。生育歧视争议作为市场经济环境下的一种新型纠纷，生育歧视行为损害了女性群体的平等就业权，是对弱势群体权益的侵犯，侵犯了社会公共利益。消除生育歧视契合民事公益诉讼制度的理念，将生育歧视纳入到公益诉讼的受案范围是可行的。

一、确定受案范围

民事诉讼的受案范围，也称作法院审判权的作用范围，是指首先通过确定法院受理案件的范围，然后确定法院在处理民事和经济案件上的分工和职权范围。民事诉讼的受案范围在保障原告起诉权和提高诉讼效率方面发挥了重要的作用。笔者认为，生育歧视公益诉讼的受案范围主要包括以下案件：其一，涉及损害在职女性群体的就业权益案件，具体有被告因性别歧视拖欠工资或者所支付工资低于当地最低工资标准的案件；被告因性别歧视提供在职女性群体的劳动条件和劳动环境，不符合法律和国家规定标准的案件；被告因性别歧视对在职女性群体设置的工作时间和休息休假制度，明显不合理且严重违反劳动法律规定的案件；被告因性别歧视不依法缴纳或者缴足在职女性群体社会保险费用的案件；被告因性别歧视而侵犯在职女性群体的其他公益性就业权益案件。其二，涉及损害求职女性群体的就业权益案件，如被告基于性别歧视侵犯求职女性群体就业权的案件等。

二、选定诉讼原告

公益诉讼制度蕴含的一个优势就是增强了原告的诉讼力量，有益于扭转传统私益诉讼中原告在就业性别歧视案件审判过程中的劣势。目前，关于公益诉讼制度的原告范围，学界的观点经归纳主要有以下几类：检察机关、行政机关、具有特定资质的社会组织以及公民。笔者觉得，检察机关和具有特定资质的社会组织作为生育歧视公益诉讼的原告较为合适。

（1）检察机关。在我国，检察机关被宪法赋予了法律监督者的身份，享有调查取证等法定诉讼权力，拥有专门的鉴定设施，在证据搜集和保全方面具有优势。同时，检察机关聚集着较多优秀的法律专业人才，且诉讼经验丰富，在生育歧视公益诉讼中作为原告最为合适。依据2015年7月最高人民检察院发布的《检察机关提起公益诉讼试点方案》规定，北京、江苏、安徽等13个地区的检察机关可作为公益诉讼案件的原告；依据2017年修正的《民事诉讼法》第五十五条的规定，全国各地的检察机关可作为公益诉讼案件的原告。另外，从国际上看，检察机关作为公益诉讼的原告是许多国家的共同做法。例如，在德国，检察机关可以作为侵害国家利益和社会公共利益案件的原告;❶ 在美国,检察机关有权就公共利益受到损害的案件提起公益诉讼,检察机关的地位是代表国家履行对公共利益的保护职能;在英国,检察机关既可以自己的名义提起公益诉讼,实践中又可以帮助公民提起公益诉讼。❷ 可见,将检察机关列为生育歧视公益诉讼案件的原告既有法律先例可循,又有实践经验可参考。

（2）具备特定资质的社会组织。此类社会组织之所以可以作为生育歧视公益诉讼的原告,原因在于：首先,此类社会组织是由社会公众依法自主成立,以保护女性群体平等就业权为宗旨的非政府性和非营利性的社会团体组织。相较于其他的公权力部门而言,在保护女性群体平等就业权方面有着更高的积极性和更强的动力;其次,此类社会组织可以聚集社会中的闲散力量,集聚社会公众的智慧,增强了生育歧视公益诉讼原告的力量。最后,在立法规范方面。依据2017年《民事诉讼法》第五十五条的规定,有关社会组织可以提起消费公益诉讼和环境公益诉讼,这为具有特定资质的社会组织担当生育歧视公益诉讼的原告"开了一个岔口"。在我国,妇女联合会自1949年正式成立,至今经过了70余年的发展,是一个各项制度都较为完备的组织。此外,它还是一个依法成立的,以代表和维护妇女权益、促进男女平等和妇女全面发展为基本职能的社会组织。基于此,本文认为妇女联合会可以作为生育歧视公益诉讼的原告。现行妇女权益保障法第五十四条仅规定,妇女联合会或相关妇女组织对侵害特定妇女群体权益的行为,可以通过大众传播媒介揭露、批评,要求有关部门依法查处。正在征求意见的《妇女权益保障法（修订草案）》第二十九条赋权妇女联合会在用人单位存在就业性别歧视情况时"可以单独或者联合约谈用人单位,并督促限期纠正"。值得注意的是,胡卫列在接受媒体采访时曾表示,将通过检察公益诉讼办案实践,及时向立法机关提出立法完善的建议,推动相关法律修订时增加公益诉讼条款,授权有关国家机关、社会组织提起妇女权益保护类民事公益诉讼,增强司法保障。

虽然目前妇女联合会作为公益诉讼的主体在法律中没有明确规定,但四川省早在2017年12月就在一起未成年人权益案件中进行了积极尝试。据媒体报道,因为四川省泸州市纳溪区14岁留守儿童小雨（化名）的父母未完全履行对女儿的抚养义务,纳溪区妇女联合会作为公益诉讼主体,以原告的身份代小雨向法院提起诉讼,要求小雨的父母支付抚养费、承担医疗费、教育费,全面履行抚养义

---

❶ 岳光.论民事公益诉讼主体资格[D].武汉:华中师范大学,2014.
❷ 颜运秋.公益诉讼理念研究[M].北京:中国检察出版社,2002.

务。对于纳溪区妇女联合会的诉讼请求，法院全部给予支持。❶

三、确定管辖法院

案件管辖制度是指向法院提起诉讼的案件应该由何地何种级别法院进行审判的制度。该制度明确了各级法院之间、同级法院之间审理第一审民事案件的权限。关于我国的案件管辖制度，主要是级别管辖和地域管辖。笔者认为，生育歧视公益诉讼案件应由就业性别歧视行为发生地或者被告住所地、被告分支机构、被告代表机构等所在地的中级人民法院审理。

（1）关于生育歧视公益诉讼的级别管辖。依据2015年2月《最高人民法院关于适用<中华人民共和国民事诉讼法>的解释》(下文简称《民事诉讼法解释》)第二百八十五条的规定，公益诉讼案件将由中级人民法院作为第一审进行审判。在我国实践过程中，环境公益诉讼案件和消费公益诉讼案件数量逐渐增多，将其授权给中级人民法院审理，可以充分利用中级法院的审判力量，有助于丰富中级法院审理公益诉讼案件的司法经验，也有助于公益诉讼案件审判标准的统一。基于公益诉讼制度的自身性质，将已有的公益诉讼案件级别管辖制度的经验，应用于生育歧视公益诉讼案件中较为可行。依据2018年12月《增加民事案件案由的通知》的规定，平等就业权纠纷被新增为民事案由。依据《民事诉讼法》第17条的规定，平等就业权纠纷作为一般民事案件是由基层人民法院管辖的。基层人民法院一般审理的诉争案件事实较为简单，法律关系较为明确。而生育歧视公益诉讼案件具有复杂性、波及面广、社会影响深远等特征，且对法官的专业素养要求较高。基层人民法院对此类公益诉讼案件的审理存在一定困难，故笔者认为应该由中级人民法院审理生育歧视公益诉讼案件。如在国外，公益诉讼案件也采纳了由较高一级法院进行审理的方式。如印度将就业性别歧视公益诉讼的级别管辖限定于高等法院和最高法院。在公益诉讼实践中，该国法律对其级别管辖还做了进一步细致的规定。如高等法院主要审理出现法律错误的生育歧视案件；高等法院或最高法院主要审理女性就业等权益被侵害的案件。关于美国就业性别歧视公益诉讼的级别管辖，依据1967年《反就业年龄歧视法案》等法律的规定，由平等就业机会委员会代表受歧视者在联邦地区法院起诉。

（2）关于生育歧视公益诉讼的地域管辖。依据2015年2月《民事诉讼法解释》第285条的规定，公益诉讼案件现由侵权行为地或者被告住所地人民法院管辖。

---

❶ 吴晓颖. 父母不履行监护责任泸州一区妇联代孩子起诉[N]. 人民法院报, 2017-12-02.

实践中，2019年安徽省淮北市人民检察院向法院提起的侵害众多消费者权益公益诉讼，这一案件就是由侵权行为地的法院进行审理的。这些法律规定和实践经验为确定生育歧视公益诉讼的地域管辖提供了借鉴。依据2018年12月《增加民事案件案由的通知》的规定，平等就业权纠纷属于人格权纠纷。生育歧视侵犯了女性群体的平等就业权，是一种侵权行为。依据《民事诉讼法》第二十八条的规定，生育歧视案件应该由侵权行为地或者被告住所地人民法院管辖。由于法院在一定程度上依赖于当地政府机构，该部门的人事任免、财政来源可能受到当地政府机构的较多控制。而当地政府机构为了促进经济的发展和维护自身利益，可能会为了维护用人单位而干涉法院的公正审判，故用人单位所在地的人民法院可能不适合审理生育歧视公益诉讼案件。鉴于此，笔者认为，生育歧视公益诉讼应当由歧视行为发生地或者被告住所地、被告分支机构、被告代表机构等所在地的法院进行审判。

四、分配举证责任

我国民事举证责任制度一般规则是"谁主张，谁举证"，即当事人对其诉讼请求所依据的事实，必须搜集相关证据来证明事实成立，在案件事实不能得到确证的情况下，要承受不利后果。但依据2002年4月《最高人民法院关于民事诉讼证据的若干规定》第四条的规定，有些案件如新产品发明专利侵权案件、环境污染损害赔偿案件、医疗侵权案件等，不适用这一规则，而实行举证责任倒置规则，即理当由原告承担的举证责任，此时转换给另一方，由其负举证责任。在生育歧视公益诉讼中，笔者认为，应根据案件具体情况，适用不同的举证责任规则。在检察机关作为生育歧视公益诉讼原告的情形下，对于案件审判中的举证和质证环节，可以适用私益诉讼一般举证责任规则。我国检察机关是法律监督者，主体资格具有特殊性，在调查取证方面享有一定公权力；并且检察机关本身是司法机关，在处理法律纠纷方面专业性高，经验足。这些因素使得检察机关能与被告形成较有力的对抗，若此时对作为原告的检察机关还适用举证责任倒置规则，有失公平。因此，在生育歧视公益诉讼中，检察机关应该对自己提出的诉讼主张，主动收集诉讼材料来举证证明，被告就法定免责事由或法定减轻责任事由，主动收集诉讼材料来举证证明。

在具有特定资质的社会组织作为生育歧视公益诉讼原告的情形下，因为多数社会组织的经济实力、人力资源和诉讼资源与被告相比存在一定差距，而且被告的就业性别歧视行为隐蔽性较强，原告举证存在较高难度。因此，其举证责任不能适用私益诉讼一般举证责任规则，在实践中可分为两种具体情况来讨论。其一，对于用人单位不合理且不合法的拒绝录用或者解雇决定的相关证据，应适用举证责任倒置规则，由企业收集相关证明材料，以此说明其做法是合法公正的或者是法律所准许的，与用人单位最终不予录用的做法不存在因果关联。其二，对于原告其他的主张，应该由其自身举证。因为在实践中，企业的生育歧视做法越来越不易被人识别，由原告举证不合理；而对于原告其他的诉讼请求如赔偿金额等，则由原告负责举证证明。

五、分担诉讼费用

依据2018年12月《增加民事案件案由的通知》的规定，平等就业权纠纷属于一般人格权纠纷。生育歧视行为损害了女性群体的平等就业权，生育歧视案件属于此类非财产性案件。依据2007年4月《诉讼费用交纳办法》第十三条的规定，生育歧视案件应该按照非财产性案件中侵犯其他人格权案件标准来收取诉讼费用。

实践中，生育歧视案件诉讼费用一般包括两部分，其一是向法院缴纳的费用，包括案件受理费、申请费以及相关人员的交通费、住宿费、生活费和误工补贴。其二是向其他机构缴纳的费用，包括律师代理费、鉴定费以及评估费等其他费用。前者由原告缴纳，后者按照"谁主张，谁负担"的原则缴纳。案件判决以后，败诉的一方负担诉讼费用。笔者认为，关于生育歧视公益诉讼原告诉讼费用的分担，应该与私益诉讼中原告诉讼费用的分担方式相区别，采取费用减免和分散相结合的方式。在生育歧视公益诉讼中，检察机关作为原告的情形下，公诉是其自身法定职责，如果胜诉，其提起诉讼而产生的诉讼费用应当由被告负担；如果败诉，其提起诉讼而产生的诉讼费用，可采取通过地方财政支付的方式进行分散。在具有特定资质的社会组织作为原告的情形下，如果胜诉，其提起诉讼所产生的诉讼费用应当由被告负担。如果败诉，其提起诉讼所产生的诉讼费用可以按照以下方式负担：首先，可以采取费用减免的方式。具体来说，其一，确立保证金比例抵免制度。原告可以向法院缴纳一定数额的保证金，从而避免提前缴纳较高的诉讼费用；在其败诉时，保证金可以按照一定比例抵免实际发生的诉讼费用，降低费用总额。其二，确立申请减交、免交制度。原告先向法院提出费用减交或者免交的申请，由法院审核之后做出决定，这是为了防止实践中生育歧视公益诉讼原告的滥诉。其三，确立以保护女性平等就业权为宗旨的基金会制度。原告可以向基金会提出申请，由基金会先行支付其诉讼费用。不过，值得注意的是，基金会在同意申请之前，应该对申请主体及其申请的案件进行核查，这也是为了防止实践中原告的滥诉。其次，可以采取费用分散的方式。原告可以通过诉讼费用保险途径将诉讼费用进行分散，即原告以投保人的身份，把可能产生的诉讼费用向有关保险公司投保，当败诉情况实际发生时，由保险公司通过理赔途径向投保人或者法院赔付全部或部分诉讼费用。生育歧视公益诉讼案件的诉讼费用之所以适用上述原则，主要在于：实践中大多数原告是否利用诉讼作为解决纠纷的方式，都是基于对诉讼过程中所需诉讼费用的考量。如果诉讼费用较多或者费用分担原则不合理，这就会加重原告畏诉、厌诉的心理，违背了司法正义，妨碍了我国依法治国目标的实现。在公益诉讼中，原告为保护社会公共利益一般要支出较多金钱成本，在有些案件中可能会花费比将会获得的利益还要多的金钱，这将对原告提起公益诉讼的积极性产生不利影响。而且公益性案件涉及面较广，在诉讼期间相应支出较多，往往一般社会组织可能难以承担，如果因为公益诉讼案件的诉讼费用而将诉讼主体排除在司法救济途径之外，就与直接迫使诉讼主体放弃维护女性群体平等就业权的手段没有区别，这将不利于保护社会公共利益。

六、确立法律援助制度

我国法律援助制度是指由国家出资设立的组织机构为经济困难的受害者提供法律服务的救济制度。其主要内容是该机构、机构人员以及当地的律师为咨询的人提供诉讼和非诉讼上的救济。1996年我国司法部首次尝试成立法律援助中心，随之地方各级司法部门也都逐渐确立了本地的法律援助机构，最终形成了中央、省、市、县四级的法律援助制度体系。2003年，《法律援助条例》正式提出建立法律援助制度。截至目前，该制度在全国已经经过了数十年的实践应用。在这期间，我国法律援助队伍逐渐壮大，法律援助机构的运转资金保障制度不断健全，法律援助类型越来越多样，法律援助之路越发宽广。根据我国司法部公开的信息，2018年各地区律师参与公益性法律服务的案子共有127.2万多件，其中参与法律援助的案子共有81.3万多件，免费参与弱势群体法律服务的案子共有108.1万多件。❶法律援助的律师不仅熟悉法律知识和司法程序、懂得诉讼技巧，而且司法实践经验较丰富，可为生育歧视公益诉讼原告提供有效援助。法律援助制度在保

---

❶ 卢越.2018年全国律师为弱势群体提供免费法律服务案超百万件[N].工人日报,2019-11-23.

障女性等弱势群体权益、传递正义以及促进司法公正等方面发挥了重要作用，这也与生育歧视公益诉讼制度理念相契合。全国各地都设有法律援助中心，且当地律协依据法律规定会定期安排律师到该中心提供相关法律服务。鉴于此，笔者设想的是，将来各地的法律援助中心可以把生育歧视公益诉讼案件吸纳进来，地方可以先行立法进行探索。法律援助的对象是弱势群体，因此在司法活动中诉讼力量较弱的一方当事人当然也包含在内。关于生育歧视公益诉讼的原告，其中有些社会组织的诉讼能力与被告相比可能较为薄弱，将生育歧视公益诉讼案件引入法律援助领域，不仅可以加强原告的诉讼力量，还可以提高他们维护社会公共利益的积极性。

本章小结

我国劳动力市场的生育歧视问题由来已久，这严重侵犯了女性的平等就业权，也导致了公平竞争就业秩序的失衡，是一个亟待解决的问题。虽然我国现行法律对女性平等就业权的保护已有涉及，但是由于相应的救济规定过于原则性，女性维权存在困难。生育歧视公益诉讼制度可有效弥补现有救济机制的不足。生育歧视公益诉讼制度是指检察机关或者具有特定资质的社会组织根据法律规定，对用人单位在招聘到解聘过程中实施的生育歧视行为，造成不特定女性的平等就业权受侵害而提起诉讼，由法院依法审查，使行为人受到处罚的制度。平等就业权理论、程序当事人理论和诉讼担当理论，为制度构建提供了理论基础。实践中，国内的公益诉讼已有诸多案例，积累了丰富经验；加之国外生育公益诉讼制度较为成熟，相应的法律制度较为完善，为制度构建提供了现实基础。

目前，我国现行法律制度对生育歧视的消除已有规定，并发挥了一定的作用。不过，这些法律存有一定局限性，在消除生育歧视，保护女性群体平等就业权方面有一定不足之处。如受歧视女性作为原告，诉讼力量单薄；通过私益诉讼维权，受歧视女性付出的成本较高；就业性别歧视行为具有隐蔽性，原告对此举证存在困难等。生育歧视公益诉讼对消除生育歧视方面具有一定优势，能够集合社会力量参与诉讼，在一定程度上能够避免损害的直接发生；公共利益受损害的事实是否确定发生并不是提起生育歧视公益诉讼的必要条件。只要根据有关情况，能够合理判断社会共利益受到明显可能性的侵害时，就可以启动该程序。生育歧视公益诉讼制度既可以提高审判效率，也可以节约制度资源，其自身所具有的制度优势将有利于充分保护女性群体的平等就业权，稳定公平竞争的就业秩序。消除生育歧视契合民事公益诉讼制度的理念，将生育歧视纳入公益诉讼的受案范围是可行的。

生育歧视公益诉讼制度的构建将从以下几个方面进行具体设计：其一，确定受案范围，充分保护求职女性和在职女性的平等就业权。其二，选定原告，将我国检察机关和具有相关资质的社会组织作为原告，来启动程序。其三，确定管辖法院，由就业性别歧视行为发生地或被告住所地、分支机构、代表机构等所在地的中级人民法院审理。其四，分配举证责任，不同的原告承担不同的举证责任。其五，分担诉讼费用，采取费用减免和分散相结合的方式。其六，完善生育歧视公益诉讼相关配套制度，主要包括确立对原告的法律援助制度和确立对胜诉原告的激励制度，以期通过该制度的构建来解决女性群体平等就业权所面临的司法救济困境。

生育保障诉讼的种类可简单分为民事、行政、刑事诉讼。其中，生育保障民事诉讼以女职工生育歧视案件较为多发，有较多的案例可供参考和研究。生育保障行政诉讼和刑事诉讼较为少见，故本章节仅以女职工生育歧视案件为例，对生育保障民事诉讼做了简单的探讨。生育保障行政诉讼和刑事诉讼以及生育保障民事诉讼制度、行政诉讼制度、刑事诉讼制度的衔接与配合问题还有待进一步深入研究。

第六章　构建我国生育保障法律制度的实现路径

　　生育保障利益的权利化为生育保障法律制度奠定了权利基石，即生育保障权。生育保障责任分担法律制度的构建为科学合理设置生育保障责任在不同主体之间的分配提供了有益的尝试，生育歧视公益诉讼制度为生育歧视司法救济提供了可能的借鉴，但是生育保障立法体系远非上述制度所能涵盖，其健全和完善尚有较大空间。

　　生育保障法是社会保障法家庭中的一员，需要从法律根源、法律血统和法律机理等方面去说明它、解释它和建构它，从而形成生育保障法制度体系。生育保障法理形成之后，更为重要和关键的一环是运用生育保障法理，将国家政策、科学原理、伦理道德、事实现象、专家学说等素材作为渊源，转变或上升为由宪法规范、民法规范、刑法规范、诉讼法规范等社会规范和标准等构成的生育保障法律制度。之后，再将所有的生育保障法律制度进行系统化，最终形成整个生育保障法律体系。要顺利完成这一环节的任务，不仅要熟练掌握生育保障法理，而且必须了解甚至精通宪法、行政法、民法、刑法、诉讼法、社会法等传统部门法的知识和原理，更重要的是，还须具备可将生育保障法理和传统法理打通、予以融汇贯通的能力，并能采用合理的立法模式，运用娴熟的立法技巧，通过规范、专业的立法语言，科学、准确地表达出来。具体可以从如下生育保障专门法的体系化和传统部门法的优化两种路径入手。

　　生育保障专门法的体系化的主要任务是，以生育保障的具体法理为指导，健全和完善关于生育保障专门法的各项法律制度，做好法律制度之间的衔接和配合，形成系统、协调的生育保障制度体系。这些制度包括基本制度、基础制度、综合制度等类型。这一层面的立法工作可分为单项制度设计和制度之间的衔接两个方面。

第一节　生育保障法律制度的补充和改进

在传统部门法制度的基础上，生育保障各项法律制度的构建通常采用具化、补充、改良、革命、整合五种模式。即通过"立""改""废""释"等立法行为，健全和完善各项生育保障法律制度。譬如，细化生育保险法律制度、构建生育救助法律制度、完善生育福利法律制度。此方面的立法，体现在法理创新方面，大多是"具化"模式为指导，"改良"模式较少，"革命"模式更少。法理性稍弱，事理性较强。根据法律制度内容的不同，可将生育保障法律制度的健全完善分为以下几项立法工作：

一、生育保障重点法律制度的补充和优化

在新时代背景下生育保障重点制度亟需补充和完善。首先，要确立公平正义、保障优先、分类施策等原则为主体的基本原则体系。其次，要构建由基本制度和基础制度共同构成的生育保障法律制度体系。后者作为基本制度的基础，发挥配套或辅助作用。生育保障基本制度包括生育保险制度、生育福利制度、生育救助制度等。本文中生育保障基础法律制度仅以生育保障民事、行政、刑事责任法律制度为例。

（一）生育保险法律制度的补充和优化

生育保障在我国主要是以生育保险作为制度安排的，随着"三孩"政策的全新出台，现阶段的生育保险法律制度逐渐难以适应新的人口政策。

1.生育保险权利主体范围狭窄

21世纪以来，我国的生育保险参保人数一直远低于医疗保险等险种的参保人数，"两险"合并改革目的之一便是以医疗保险参保同步带动生育保险参保，也确实取得了实际效果。但即便如此，生育保险的参保率还是过低。究其原因，生育保险较为狭窄的权利主体覆盖面是限制提高参保率的一大因素。我国当前的生育保险覆盖范围主要集中于国家机关与企事业单位的职工，在部分正在落实两险合并改革的地区，一些灵活就业者也开始纳入生育保险的保障范围。但从全国范围内来看，保障人群的类型还是较为狭窄，绝大部分地区的失业待业者、灵活就业者并不在保障范围之内。因此，在扩大生育保险权利主体范围上，要将更多人群纳入生育保险的保障范围，扩大覆盖面，提升生育保险参保率。主张将灵活就业者纳入生育保险保障的范畴，而非局限于城镇职工的生育权益保障，并逐步

向全民参保的目标靠近。

2. 生育保险待遇水平过度提高

"三孩"政策下生育保险法规修订主要围绕待遇内容展开，各省均新增或修订了延长产假、提高生育保险待遇水平的条款。但需要特别注意的是，在适度提高生育保险待遇水平方面，需重点把握一个"度"字。过长的生育假期和过高的待遇水平可能会引起用人单位对女性职工的就业歧视，影响女性就业权益的保障。虽然延长生产假期等举措易于借鉴，但更要充分考虑待遇提升与女性就业权益的平衡问题。

3. 用人单位缴费义务过重

与工伤保险一样，生育保险费用由用人单位负责缴纳，而职工本人无需缴纳保费。用人单位一直承担了相对其他险别而言更重的缴费义务。在后疫情时代和"三孩"政策背景下，应适当减轻用人单位的负担，合理分配生育保险各方主体的责任，可以探索建立由政府、用人单位和个人三方共担的责任分担机制。

（二）生育福利法律制度的补充和优化

社会福利是社会保障的重要组成部分，它是国家和社会为保障和维护社会成员一定的生活质量，满足其物质和精神的基本需要而采取的社会保障政策以及所提供的设施和相应的服务。社会福利一般包括现金福利和直接服务。生育福利是社会福利项下的重要内容。理论上，生育福利项目有：一是产假和陪产假。《女职工劳动保护特别规定》将基础产假时长定为98天，各地方新修改的《人口与计划生育条例》则不同程度延长了产假的时间，从最长的365天到最短的128天不等。关于男性陪产假的时长，多数省份新修改的《人口与计划生育条例》规定男方陪产假一般是7天，也有长达30天的陪产假，但立法却并未明确未落实假期的法律责任，有待改进。二是产检福利，如产检所需时间计入劳动时间。三是育儿福利。我国立法赋予生育女职工一系列的育儿福利政策，如哺乳期女职工不得安排其加班或者上夜班；每天1个小时的哺乳时间计入劳动时间以及女职工卫生室、孕妇休息室、哺乳室等照护设施的建设和提供；除此之外，还包括政府对生育的物质奖励。四是儿童福利，主要体现为国家对托幼事业的扶持、义务教育的支持等福利。实践中，因城乡差别、职业差异的存在，上述生育福利能否实际享受以及能在多大程度享有呈现出较大的群体和地域差异，引发关于制度不公平的质疑声。

现行的生育福利制度大多把责任转嫁给了用人单位,尤其在"三孩"政策下,企业会承担更多的福利给付责任,企业在招聘时会更倾向于选择男性,从而加剧了对女性的就业歧视。目前各地方推行较多的是延长育儿假等补偿性生育福利,以生育物质奖励为代表的激励性生育福利也在不同的省市逐步开展,彰显国家和政府对生育成本的责任分担。福利多元主义理论主张福利应由多元主体来提供。即不应该将社会福利的供给责任完全归为某单一主体,国家、市场、家庭、民间组织均应承担应有的责任。

(三) 生育救助法律制度的补充和优化

论及生育保障制度中的"生育救助"制度,则存在着政府重视程度不够、社会理解各异、学界关注不多、实际享受人群少、保障水平不高等问题。在"中国知网"上搜索"生育救助"关键词,涉及的文献主要是指计划生育救助,即对实施计划生育的家庭失独、生病、贫困等进行的救助。计划生育救助并不是社会保障领域中的生育救助的概念和含义,二者不可混为一谈。《妇女权益保障法》第五十条规定:"国家发展社会保障事业,保障妇女享有社会保险、社会救助和社会福利等权益。国家提倡和鼓励为帮助妇女而开展的社会公益活动。"第五十一条规定:"国家实行生育保险制度,建立健全婴幼儿托育服务等与生育相关的其他保障制度。国家建立健全职工生育休假制度,保障孕产期女职工依法享有休息休假权益。地方各级人民政府和有关部门应当按照国家有关规定,为符合条件的困难妇女提供必要的生育救助。"上述法条中所涉及的"社会救助"为"生育救助"的上位概念。上述法条中所涉及的"社会救助"为"生育救助"的上位概念。

虽然学术界缺少对生育救助的研究,但实践中并不缺少生育救助方面的尝试。从目前已经实施的各项目看,生育救助的主体有民政部门、卫生和计划生育部门,还有其他社会组织等。国家层面的生育救助主要是通过项目的形式实施,主要的几个救助项目包括:"降低孕产妇死亡率和消除新生儿破伤风"项目、农村孕产妇住院分娩补助项目、贫困地区儿童营养改善项目、贫困地区新生儿疾病筛查项目等。已经尝试和正在开展生育救助制度的地方和项目有:深圳福田区从2005年起建立了贫困孕产妇住院分娩救助"扶贫通道",凡是居住在辖区的贫困孕产妇均可以申请救助基金。2008年重庆渝中区对辖区贫困孕产妇实施救助;2011年起,辽宁葫芦岛市贫困孕产妇将获得生育救助。北京市民政局、卫生局联合发布《贫困孕产妇生育救助暂行办法(2005)》,孕产妇先垫付后报销,检查费支付额度不超过1200元，正常住院分娩救助不超过2600元，剖宫产住院支付额度不超过4200元，上述费用将随实际医疗费用的变化适时调整。青岛市四方区2006年颁布《关于建立特困计划生育家庭生育救助制度的意见》，对于满足条件的目标人群生育子女给予一次性600元的现金救助。2011年4月，覆盖到流动人口，可享受计划生育技术服务和免费生殖健康查体服务、免费孕前优生健康检查等服务。除此之外，还有2006年福建福鼎市人民政府下发《福鼎市贫困孕产妇生育救助工作方案的通知》，其救助的对象是：民政部门核定的正在领取最低生活保障金家庭的孕产妇，包括计划生育及流动人口的孕产妇；贫困危重孕产妇，如危及生命的妊娠合并心、肝、肾疾病及重度妊娠高血压综合征、产科大出血、羊水栓塞等疾病。救助的项目和标准是：救助对象住院分娩平产、难产、剖宫产和贫困危重孕产妇的各类规定补助费用300～1000元不等，用于补助有困难的贫困孕产妇。

无论是孕产妇死亡还是出生缺陷，都可以充分利用产前保健预防并降低发生率。但贫困成为制约这些孕产妇得到产前保健和相关护理知识的关键因素，也由于贫困，妇女的营养状况比较差，受教育水平低，无力支付生育医疗费用。我国涉及妇女和儿童的生育福利和生育救助基本制度还未搭建起来，对于低收入家庭的生育救助更是没有统一的法律制度覆盖。2014年颁布的《社会救助暂行办法》中未提到生育救助，并不意味着生育救助不重要。生育是人口的起点，人口质量的提高对整个民族的意义不言而喻。各地零星的生育救助政策，对提高整个国家的生育质量和生育安全是杯水车薪，只有建立法律法规，用制度保障，才能让生育救助充分地发挥保障贫困家庭孕产妇和新生婴儿的作用，特别是提高农村地区人口生育质量，减少出生缺陷。为了加强产前保健和妇幼保健，降低孕产妇死亡率，加强出生缺陷防治，降低婴儿死亡率、减少残疾，对低收入家庭妇女进行生育救助显得尤为紧迫。

二、生育保障法律责任制度的健全和完善

总体而言，生育保障法律责任制度包括生育保障民事责任、行政责任和刑事责任三类。

（一）生育保障民事法律责任制度的补充和完善

目前，我国生育保障法律制度中关于生育保障民事责任的规定主要体现在《企业职工生育保险试行办法》中，第十二条对企业未按期缴纳生育保险费的法

律责任规定，第十三条规定了企业欠付或拒付职工生育津贴、生育医疗费的，对职工造成损害的，企业应承担赔偿责任。我国关于生育假期的规定仅明确了生育假期的天数，缺少保证生育假期落实的规定及相应的惩罚措施。目前法律法规均未规定用人单位未执行足够天数的生育假期时应承担的责任，各省也缺少用人单位不落实奖励产假天数时应有的惩罚性措施。

（二）生育保障行政法律责任制度的补充和完善

生育保障行政责任的条款较为丰富，主要体现在《企业职工生育保险试行办法》第十三条，"企业欠付或拒付职工生育津贴、生育医疗费的，由劳动行政部门责令企业限期支付；虚报、冒领生育津贴或生育医疗费的，由劳动行政部门给予处罚"。《女职工劳动保护特别规定》《女职工保健工作规定》用人单位违反女性孕期、产期、哺乳期特殊劳动保护规定的，视情节限期及缴纳罚款。凡违反《女职工保健工作规定》的单位或直接责任者，卫生行政部门给予警告、通报批评、限期改进的处罚。《人口与计划生育法》第三十六条规定，存在非法为他人施行计划生育手术的、非医学需要的胎儿性别鉴定或者选择性别的人工终止妊娠的等行为，行政机关应视情节给予警告，没收违法所得及相应数额罚款直至吊销执业证书的处罚。第三十七条则规定了若存在伪造、变造、买卖计划生育证明的行为，由计划生育行政部门没收违法所得、罚款。可见，上述条款中规定的承担生育保障责任的主体是用人单位。相较于生育保障民事责任法律制度的内容，行政责任法律制度内容较为详细，但仍存在完善和改进的空间。《社会保险法》第八十四条和第八十六条规定了用人单位违反缴费义务时的行政责任，包括责令限期整改缴纳或补足等。由此可见，用人单位作为生育保险费用缴纳的义务人理应承担自身违反缴费义务的法律责任。然而，用人单位补缴生育保险费和社保经办机构不承担生育保险待遇给付间出现了现实冲突，即当用人单位不为职工缴纳生育保险费或者不及时足额缴纳时，最直接的法律后果却是职工不享受生育保险待遇，社保经办机构不承担给付义务。首先，需明确用人单位所负担的生育保险缴费义务是对国家负有的公法上的义务，而非依据职工与用人单位签订的劳动合同，故而劳动者对用人单位无参保缴费请求权。其次，需要明确用人单位在违反生育保险费用缴纳义务后的责任承担，并且也需要强调公权力机关在其中的义务，以期更有效地保障劳动者之生育权益。

（三）生育保障刑事法律责任制度的补充和完善

生育保障刑事责任的规定主要零星分布于《人口与计划生育法》等法律、法规的个别条款中。试举几例，如《企业职工生育保险试行办法》明确规定，劳动行政部门或社会保险经办机构的工作人员贪污、挪用生育保险基金，构成犯罪的，依法追究刑事责任。《女职工劳动保护特别规定》规定了用人单位侵害女职工合法权益，造成女职工损害的，依法给予赔偿；构成犯罪的，依法追究刑事责任。《人口与计划生育法》规定了非法为他人施行计划生育手术的、非医学需要的胎儿性别鉴定或者选择性别的人工终止妊娠的、进行假医学鉴定、出具假计划生育证明的、情节严重，构成犯罪的，依法追究刑事责任。由此可见，生育保障刑事责任的规定较为稀少，且具体内容较为笼统，违反相关的法律规定应当承担何种刑事责任，采用了法律援引方式。

除了上述各种不同生育保障法律责任各自存在的问题及改进建议外，笔者建议以生育保障侵权救济法理为指导，增设生育保障侵权制度，对侵害权利人生育保障权利的行为追究侵权责任；完善生育保障侵权救济的因果关系证明制度，细化原告初步证明责任。

第二节　生育保障法律制度之间的衔接配合

本层次的主要任务是，以前述生育保障法理创新"整合"模式中的制度衔接法理为指导，在设计各项生育保障法律制度时，要做好同相关制度之间的衔接和配合，从而形成系统、协调的生育保障"法律种群"和"法律群落"整体。

一、经济、健康、就业、公共服务保障制度之间的衔接与配合

生育保障基本法律制度之间的衔接与配合，重点是要解决好经济保障制度、健康保障制度、公共服务保障制度和医疗保障制度的衔接和配合问题。为更好地保障孕产妇健康、收入能力及实现性别平等目标，向女性提供覆盖产前、分娩、产后整个过程的全过程保障。不仅包括生育津贴、护理假津贴、育儿津贴和生育医疗费用的报销等经济保障，还包括孕产妇医疗保健、工作场所健康保障、新生儿母亲的产假、父亲的陪产假、父（母）亲的育儿假等健康保障内容。旨在保护女性在怀孕、产假期间及重返工作岗位后一段时间内的就业保障以及生育医疗设施服务、产后喂奶便利、社会化的照护服务等方面的公共服务保障。鼓励父亲与

母亲共同分担照护责任，加强生育保障与劳动就业领域的立法衔接，提供产后喂奶便利与社会化的照护服务与带薪产假的衔接等，更好地实现全过程的女性生育保障。鉴于经济保障、健康保障、就业保障、公共服务保障之间具有四位一体的关系，在立法上既要搞好对"四位"的分别保护，又要坚持一体的整体主义原则。

（1）法律分别对"四位"进行专门保护，完善和补充现有的法律规范，各自明确生育保障的经济保障、健康保障、就业保障、公共服务保障各自的核心任务、主要保障手段和措施。

（2）坚持"四位"的一体化之整体主义原则，搞好经济保障、健康保障、就业保障和公共服务保障内部的融合与协调。经济保障与健康保障、经济保障与就业保障、就业保障与公共服务保障之间均具有一定的耦合性或一致性，各自兼具对方的部分功能或者有一定重合之处。如新生儿父亲陪护假和父母育儿假制度极大地推动了男女两性在有偿工作中的机会平等和无偿家务劳动中的责任分担。政府对儿童照料设施进行投资，原则上可以增加生育率和女性就业率。当然，"四位"内部也可能存在制度之间的矛盾和冲突，如产假引发的生育歧视问题不容忽视。产假和育儿假的科学设置，使其既能满足需求又最大化规避其负面影响，还需要借鉴经济学、社会学的研究成果。

二、生育保障民事、行政、刑事法律责任制度之间的衔接和配合

本章第一节内容已述及，生育保障民事责任、行政责任、刑事责任法律制度需要进行内容的梳理、补充和完善。在此基础上，应注重解决各项责任制度之间的分工和衔接问题。如"情节严重"的具体内容在实践中如何认定，应结合刑法的相关法条的具体规定再做判断。目前亟需根据上述生育保障法律法规中刑事责任条款的内容与刑法中相关内容进行对接和审查。由此可见，应做好生育保障民事、行政、刑事法律责任制度具体内容之间的衔接和配合工作。生育保障行政命令和和生育保障公益诉讼之间、行政拘留和行政罚款等其他行政处罚之间，生育保障行政处罚和生育保障公益诉讼之间、行政处罚与刑事司法之间（程序法上的行刑衔接）等临近制度间的分工、衔接和配合问题均有待深入研究。

三、生育保险、生育福利、生育救助法律制度之间的衔接与配合

生育保障在我国主要是以生育保险作为制度安排的。相较于生育福利和生育救济，生育保险法律制度内容更为健全，生育保障法律制度的修改及完善的研究

成果也较为丰富。除了生育保险有《生育保险条例》专门立法进行调整外，我国并没有生育救助和生育福利的专门立法。生育救助及生育福利法律制度具体内容散见于宪法（如获得物质帮助的权利、休息休假权做出统领性的规定）、综合性法律（如《劳动法》《人口与计划生育法》《社会保险法》《母婴保健法》《妇女权益保障法》）、行政法规（如《女职工劳动保护特别规定》）、地方性法规（各地《人口与计划生育条例》等）。生育保障法、生育福利法、生育救助法在中观层面上，要重视解决生育保险法、生育福利法、生育救助法等生育保障法律领域的衔接和配合问题，即处理好生育保险法、生育福利法、生育救助法三者之间的关系问题。当前的重要任务之一是要树立生育保障法的整体观和兼顾生育保障法各部门的协调观，加强对生育保险、生育救助和生育福利的一体化保护，解决只顾生育保险不顾生育福利或者只顾生育福利不顾生育救助等问题。

第三节　生育保障法律体系化

当前我国为了实现对女性生育保障利益的维护，围绕生育保险、生育假期、女性孕产期特殊保护等进行了一系列的法制建设，其结构层次如下：宪法（如社会保障、休息休假权做出统领性的规定）——综合性法律（如《劳动法》《人口与计划生育法》《社会保险法》《母婴保健法》《妇女权益保障法》）——行政法规（如《女职工劳动保护特别规定》）——地方性法规（各地《人口与计划生育条例》等）。立法对于法的良性实施具有指导性作用，当前我国生育保障制度与现实需求不匹配的情况以及实施过程中遇到的问题反映了立法中存在一定的不足。解决该问题的核心立法任务是推动生育保障专门法的体系化。生育保障专门法的体系应该是一个由龙头法、主干法、配套法有机组合而成的统一的制度体系。生育保障专门法的体系化是形成系统、协调的生育保障"法律圈"的核心任务，可分为以下几大任务。

一、确定生育保障领域的龙头法：人口与计划生育法

此一层面中首要的问题是制定或者确定一部"生育保障基本法"，作为统筹生育保障制度的基本法和龙头法。当前，生育保障领域的法律（狭义）数量很少，《母婴保健法》主要规定了国家为发展母婴保健事业，提供必要条件和物质帮助，使母亲和婴儿获得医疗保健服务等内容。《妇女权益保障法》主要规定了妇女享有的基本政治权利、文化教育权益、劳动和社会保障权益、财产权益、人身权利、

婚姻家庭权益等内容。《社会保险法》确立了我国养老、医疗、工伤、失业、生育保险等社会保险体系的基本框架，其中部分条款包含生育保险的相关内容。上述法律均涉及部分生育保障的具体内容，但各有侧重，不具备担当生育保障基本法的能力。《人口与计划生育法》将具有中国特色综合治理人口问题的成功经验上升为国家的法律制度，把国家推行计划生育的基本方针、政策、制度、措施用法律形式固定下来。这部法律的第四章专门规定了计划生育"奖励和社会保障"的内容，从宏观层面对生育保障制度进行了原则性的规定，天然具有生育保障基本法和龙头法的气质。现行的《人口与计划生育法》是2015年修订后的版本，2021年8月20日，党的第十三届全国人民代表大会常务委员会第三十次会议通过了全国人民代表大会常务委员会关于修改《中华人民共和国人口与计划生育法》的决定。目前，该法正在紧锣密鼓地进行第二次修订。笔者认为，利用此次法律修订的契机，重点补充和完善第四章"奖励与社会保障"、第六章"法律责任"部分的内容，让生育保障龙头法引领生育保障制度的建设和改革，在我国进入生育保障新时代的背景下，为中国特色的生育保障法律制度开辟一条新路径。

二、推进生育保障主干法、地方法和配套法的建设

（一）完善生育保险法、生育福利法、生育救助法三大主干法

现行的生育保障法律体系是由《宪法》主导，以《人口与计划生育法》这一基本法为核心，由《母婴保健法》《社会保险法》《妇女权益保障法》《企业职工生育保险试行办法》《女职工保健工作规定》等法律、行政法规和各地方性法规等一系列专门性法律、法规，以及《行政处罚法》《婚姻法》《刑法》等法律的相关条文规定所构成。当前我国生育保障制度立法与现实需求不匹配反映了立法中存在一定的不足。其一，我国现有的生育保障法律法规之间协调性不足。相关立法过于分散，上位法和下位法之间存在着重复规定的问题。比如，《劳动法》《人口与计划生育法》《社会保险法》等综合性法律均对生育假进行了重复性规定且十分笼统和模糊，规定生育假具体内容的行政法规（《女职工劳动保护特别规定》）和地方性法规（各地《人口与计划生育条例》）立法目的大相径庭，导致适用不明。其二，在立法层次上缺少基本性法律和专门性法律，致使实际操作性不强。如现行生育假在国家层面法律法规的立法只做出了概括性的规定，地方对于落实过程中出现的很多细节性问题只能在各地的人口与计划生育条例中自行规定，根据各地实际情况的不同相应的生育假规定也有所不同，社会公平难以保证。缺少专门

性和基本性的国家层面的立法，不可避免地存在诸如立法层级低使得生育假制度的权威性、强制力不足等问题，以至于在生育假制度实施中无法得到用人单位甚至劳动者本人的完全重视。建议根据立法内容分门别类，健全和完善由生育保险法、生育福利法、生育救助法三大主干的生育保障立法体系，在此基础上推进不同主干法之间的协调、配合以及统一问题。

（二）推动地方产假、生育保险立法省级统筹

各省出台的《人口与计划生育条例》中均规定了女性产假等应当享有的合法权益，通过对条例的有关内容进行梳理，笔者发现各省均在《劳动法》《女职工劳动保护特别规定》的基础上，延长了本省妇女产假。北京、上海、天津、重庆、江苏、浙江、湖北规定女性可以享有128天的产假；其他地区包括新疆维吾尔自治区规定妇女产假在148～180天不等；西藏自治区目前执行的是《西藏自治区计划生育管理办法（试行）》，依其规定"实行晚育并及时办理《独生子女证》的妇女可享有一年产假，产假期间的生育津贴分阶段计算：前六个月的生育津贴享受全工资待遇，后六个月享受综合工资的65%的生育津贴，其他各项补贴照发"。各省均在国家规定的基础上增加了男性陪产假。

地方性法规中缺少生育保险制度的有关规定，生育保险制度总体上遵循国家立法规定，以市级统筹为主，生育保险缴纳比例由各市通过地方规范性文件确定，统筹层次较低。地方规范性文件确定生育保险缴纳比例不仅造成了各地的生育保险标准差异较大，也造成了生育津贴计发标准存在较大差异。各市通过地方规范性文件仅对生育保险缴纳比例做出规定，因此不仅各省之间的生育保险缴纳比例存在较大差异，省内各市之间的生育保险缴纳比例也有较大差异，很难实现异地生育保险的统筹。目前，各地的生育津贴计发标准均以上一年度月平均工资为缴费基数，但有两种不同的计算方法，一种是以职工本人收入为基准，另一种是以职工所在用人单位的人均收入为基准。不同的计算方式和职工月均工资水平的差异造成了各市之间生育保险具体数额的较大差距，由此造成了异地生育保险难协调等问题。各地之间的经济差异总是存在的，经济差异的存在不应成为阻碍生育保险省级统筹的原因。在推动生育保险和医疗保险整合的过程中，我们也应当推动省级区域内的生育保险统筹，促进社会平等的实现。

（三）加强生育保险与医疗保险立法衔接配合

生育保险是生育保障的最主要体现形式，新中国成立70年以来中国的生育

保险制度逐步健全，现阶段的主要任务是加强与医疗保险的合并衔接。国务院对两种保险的合并方案做出原则性规定，各地分别拟定具体合并方案及时间表。但从各地的实施方案看，以下三个方面的问题亟须解决：

（1）高层次法律支撑不足。《中华人民共和国社会保险法》将医疗保险和生育保险分开进行规范，无法为两种保险合并实施提供全面的法律依据。对此，全国人民代表大会常务委员会于 2016 年 12 月发布《关于授权国务院在河北省邯郸市等 12 个试点城市行政区域暂时调整适用〈中华人民共和国社会保险法〉有关规定的决定》，以临时性、补充性、特殊性规范的形式提供了法律依据。但这并非根本性的解决途径，两种保险的合并实施仍需要高层次法律予以保障。

（2）各地区操作细则不统一。例如，有些地区规定合并范围仅为参加基本医疗保险的在职职工，有些地区的合并范围则包含了"三支一扶"人员和领取失业金人员，这不利于地区间公平及人口合理流动。

（3）合并实施的方式为"生育跟从医疗"，即生育保险的基金账户、经办服务都并入医疗保险，这涉及多项细节性衔接内容，如基金管理方式相容、参保信息平台整合、统一监管标准、优化医疗服务协议内容等，需要进一步设计和完善。

第四节　传统部门法的"生育友好化"

一、《宪法》的"生育友好化"

（1）推进基本国策的"生育友好化"。即在《宪法》中要将生育保障理念和战略转化为我国普遍奉行的基本国策。所谓基本国策，是指由基本国情决定的某类具有全局性、长远性、战略性意义的重大问题的系统对策。在法律规范形式上，基本国策通常表现为基本原则，反应了国家在解决此类重大问题上的国家意志，具有高层次、长时效、广范围、跨部门的特点。基本国策在整个政策体系中应处于最高层次或者最高位阶，能规定、制约和引导一般的具体政策的制定和实施。一般而言，只有少数具有明确针对性且涉及"国计民生"的急迫性问题，才可通过领导人讲话、红头文件和法律规定的方式逐渐发展成为相应的基本国策。在我国，《宪法》一直没有明文规定"基本国策"，立法机关转而通过单项法作为最高层次基本国策的确定方式。2001 年《人口与计划生育法》第二条第一款规定："中国是人口众多的国家，实行计划生育是国家的基本国策。"

（2）推进国家义务的"生育友好化"。在《宪法》中将生育保障的目标，计划生育的基本国策转化为国家的生育保障义务。国家对于公民的义务，分为尊重义务（对应公民的防御性权利）、保护义务（分为预防、排除和救济三个层次）和给付义务（包括满足的义务和促进的义务）等多种类型，❶国家义务的履行是国家目标实现的有效途径，更是公民权利得以实现的有力保障。国家义务直接决定国家权力的目的和范围。国家的生育义务源于公民的社会保障权利，公民的社会保障权利要求并衍生国家生育保障义务，国家生育保障义务是公民社会保障权得以享有的保证。通过强化国家生育保障义务来保障公民生育保障权益，可以有效保障公民"有尊严的生育和抚养下一代"。根据国家的消极（尊重）义务，公民得以对抗针对生育保障相关权利的国家侵犯；根据国家的保护义务，国家应采取措施组织或防止针对公民生育保障权利的私人侵害；根据国家的给付义务，国家应积极履行对公民的生育保障义务，不断提高生育保障水平。

（3）推进国家机构及其职责的"生育友好化"。国家机构及其职责的"生育友好化"是指在宪法中通过国家机构的设置、调整以及相应职责（职权）的配备，完成国家生育保障义务。根据现代国家理论，国家是通过契约而产生的。这一契约的精神是：人们为了自身安全而转让或放弃自己的部分权利，即"权利的相互转让"，此乃立约之宗旨。因此，主权者得受契约宗旨的限制。他将按契约而"联合在一个人格里的人群"，此人格主体即国家，国家的本质就是主权者，主权者"是一个人格……"为的是当他认为适当的时候，可以使用他们大家的力量和手段来谋求他们的和平和公共的防卫。❷换言之，国家义务的履行过程，即各类国家机关分别依据宪法的规定，在各自权限范围内积极行动，推动国家义务完成的过程。在我国生育保障建设领域，根据国家机构的功能和职权属性，与这一国家义务相关联的主要国家机构为：国家权力机关、国家行政机关、国家司法机关（包括审判机关、侦查机关和检察机关等）和国家监察机关。国家机构及其职责的"生育友好化"，就是要赋予上述机关在生育保障建设上的相应权力。

二、行政法的"生育友好化"

行政法的"生育友好化"，是指在行政法中对行政主体、行政许可、行政补偿、行政程序、信息公开、行政强制、行政处罚、行政复议、行政赔偿等基本行政法

---

❶ 陈真亮.环境保护的国家义务研究[M].北京：法律出版社,2015.
❷ 霍布斯.利维坦[M].杨昌裕,译.北京：商务印书馆,1995.

律制度，在生育保障领域做出需要特别强调或者不同于普通规则的专门规定。行政法的"生育友好化"的主要功能有二：一是对其他特别领域的行政立法进行指导和约束，以防止其做出不利于生育保障制度建设的规定；二是维持行政法与生育保障法在整个立法体系上的一致性和协调性。在行政许可法中，对计划生育手术、医学鉴定等主体资格做出原则性规定；在行政信息公开立法中规定生育保障信息公开；在行政强制法中规定生育保障的行政强制措施和行政强制执行；在行政处罚法中，原则性规定生育保障领域的"按日计罚"制度；在行政复议法中，对生育保障公益复议做出原则性确认。

三、诉讼法的"生育友好化"

诉讼法的"生育友好化"问题，重点是规定生育保障民事公益诉讼、生育保障行政公益诉讼的专门条款。但是实践中，生育保障领域的公益诉讼数量少且集中于生育歧视公益诉讼。目前，关于公益诉讼的最新进展来源于最高人民检察院和全国妇联联合下发的一则通知。2020年初，最高人民检察院、全国妇联联合下发的《关于建立共同推动保护妇女儿童权益工作合作机制的通知》（以下简称《通知》），提出了建立生育歧视公益诉讼制度，妇女的权益得到了进一步保障，为生育保障制度的完善提供了司法保障。该《通知》虽丰富了保障女职工权益的途径，但生育歧视公益诉讼制度还需完善。详细内容可参照本文的第五章有关论述生育歧视公益诉讼制度的构建路径的内容。

四、经济法的"生育友好化"

经济法的"生育友好化"是指在经济法的价值理念、基本原则和具体制度中注入"生育友好化"的理念。具体而言，主要是在经济主体制度，如公司法、合伙企业法、收入调控制度如个人所得税法、企业所得税法、税收征收管理法等法律制度方面的"生育友好化"。

当前，重点是推进如下内容的"生育友好化"：

（1）公司法的"生育友好化"。"三孩"时代背景下，国家需要倡导企业承担更多的社会责任，更需要通过完善国家法律明确企业应承担的法律责任。仅举一例：我国法律规定了企业在不缴纳生育保险时的惩罚性措施，却没有规定当企业不能保证生育假期落实时应承担的法律责任。虽然企业的主要目的是盈利，但也应当承担起相应的社会责任。企业有保护劳动者权利的社会责任，从长远来看，生育行为是社会发展的需要，生育行为促进了人类社会的繁衍和进步，是社会再生产、创造劳动力的过程，企业也从中获益，故而也应该承担起相应的责任。国家通过立法，明确企业的法律责任，制定相应的惩罚性措施，明确如果不保障劳动者享有足够天数的生育假期应当承担何种法律责任，促进生育假期制度落实到实处，避免企业为谋求利益而规避责任的情况出现。

（2）税法的"生育友好化"。目前人口老龄化的结构矛盾日益突出。而生育的直接成本和间接成本是生育意愿降低的最要原因。因此，建议区分不同收入群体的类别，实施差异化财税政策，降低生育成本，激发生育意愿。一方面，低收入群体负担的直接税本身就比较低甚至不负担，因此税收政策的激励作用也就不明显，所以建议对生育子女的家庭直接以财政现金补贴等方式进行激励。另一方面，低收入群体担心生育阶段无法得到应有的劳动保障。对此，可从用人单位的角度进行政策激励。可比照《财政部国家税务总局关于安置残疾人员就业有关企业所得税优惠政策问题的通知》（财税〔2009〕70号）文件，对于企业安置产期女性，在按照支付给产期女性职工工资据实扣除的基础上，可以在计算应纳税所得额时按照支付给产期女性职工工资的100%加计扣除。这样，一方面既鼓励了企业对育龄低收入群体的劳动保护，另一方面也降低了企业雇用育龄女性的用工成本，从税收政策的角度激励了低收入群体的生育意愿。其次，对于中等收入群体来说，建议调整个人所得税专项附加扣除政策。其一，建议对于子女教育的专项附加扣除政策予以调整。具体来看，《个人所得税专项附加扣除暂行办法》第五条规定，纳税人的子女接受全日制学历教育的相关支出，按照每个子女每月1000元的标准定额扣除。其中年满3岁至小学入学前处于学前教育阶段的子女可以按此规定执行，但纳税人3岁之前的子女也存在教育费用却无法执行该扣除规定，这样不利于降低纳税人的生育负担。其二，建议对大病医疗的专项附加扣除政策予以调整。《个人所得税专项附加扣除暂行办法》第十二条规定，纳税人发生的医药费用支出可以选择由本人或者其配偶扣除；未成年子女发生的医药费用支出可以选择由其父母一方扣除。但实际上，由于纳税人本身处于工作年龄，大部分纳税人本人发生大病医疗费用支出的可能性非常低，反而纳税人的父母或其配偶的父母发生大病医疗费用的可能性较高。因此，笔者建议允许纳税人及其配偶可将双方父母所发生的大病医疗费用进行选择扣除，从而降低家庭养老负担。最后，对于高收入群体来说，可从财富代际传承的角度鼓励生育意愿。目前，我国暂时还没有对家族式信托、基金以及遗产等财富传承方式颁布相关的税收政策，但从世界各国的历史经验来看，家族财富的代际传承可能会面临来自收入再分配的调节，不少的高收入群体也对此表示担忧。因此，可考虑增强高收入群体在财富代际传承方面税收政策的确定性，打消高收入群体对于生育子女可能会带来家族财富代际传承方面的忧虑。

（3）政府采购法的"生育友好化"。国家应增加财政给付，丰富资金来源渠道，提高给付能力，逐步将更多儿童保护与服务内容纳入政府购买服务指导性目录，加大政府购买服务力度。其一，应优化妇幼保健医疗公共服务体系，加强监督与统筹，确保基层医疗经费落实到位，为产孕妇提供普惠型医疗卫生服务。其二，应以基层社区为重点，建立以政府为主导，企事业单位和社区多元主体参与的社区基本公共托育服务体系，将学前教育与托育服务相结合，有效调动和优化配置各种社会资源，为群众提供优质的托育服务和中小学基础教育。

结语

生育问题关系到人口存续和社会进步，是备受国家重视、社会关注的重大公共问题。新中国成立以来，生育保障制度不断改革、发展和完善。我国生育保障制度体系在控制人口数量、优化人口结构、协调资源配置、提供医疗及生活保障等方面做出了重要贡献。随着时代的发展，中国人口结构和社会经济形势早已发生根本性变化，面对生育水平持续降低、老龄化程度不断加剧等一系列问题，中国及时采取"全面二孩""三孩"政策并积极构建配套生育保障体系，以促进人口的长期均衡发展。

未来生育保障走向将直接关系人民福祉和社会发展。生育保障制度的发展和完善应于法有据、依法实施，着力构建良法善治的生育保障法治体系。具体而言，要从生育保障法律制度的健全和完善为起点，在此基础上做好生育保障法律制度之间的衔接和配合，达到生育保障立法体系的健全和完善。生育保障法律制度的构建必须要明确其逻辑起点，有必要构建生育保障法律制度的逻辑起点——生育保障权。生育保障权的权利主体可以通过积极行使生育保障知情权、请求权、救济权等程序性的权利来确保经济保障权、健康保障权、就业保障权和公共服务保障权等权能的实现。在必要的时候生育保障权权利人可以通过行使程序上的权利如生育保障请求权、救济权参与诉讼，维护自身合法权益。

人口再生产是社会生产的必要前提，为社会经济发展做出了巨大贡献，为社会提供了充足劳动力，满足了家庭情感需求和家族延续的需要，政府、社会和家庭须共担生育责任。生育保障立法应确认生育的社会价值，加强政府责任，建立全面覆盖的生育保障制度，不断提高保障水平；企业应建立平衡工作—家庭的支持体系；家庭支持体系中，男性应分担更多育儿责任。生育保障利益的实现还取决于司法保障制度的完善。实践中，生育歧视造成女性的平等就业权受到侵害，也导致公平竞争就业秩序的失衡。生育歧视公益诉讼制度可有效弥补现有救济机制的不足，在解决女性平等就业权所面临的司法救济困境问题上提供有益的参考解决方案。

回归立法层面，应检视与反思我国现行生育保障立法是否能够满足生育保障事业改革和发展的需要。微观层面的生育保障法律制度应进行修改和完善，致力于提供从产前到产后的全过程保障，明确政府、企业、家庭生育保障法律责任；中观层面应加强生育保障法律制度之间的衔接配合，如经济、健康、就业、公共服务保障制度之间的衔接与配合，生育保障民事、行政、刑事法律责任制度之间的衔接与配合以及生育保险、生育福利、生育救助法律制度之间的衔接与配合。在此基础上推进生育保障法律体系化，确定人口与计划生育法作为生育保障领域的龙头法，推进生育保障主干法、地方法和配套法的建设，传统部门法，如宪法、行政法、经济法、诉讼法的"生育友好化"。

生育保障问题本身是一个复杂且逻辑性很强的研究课题，不同学科间均可对其进行深入的探讨。法学学科视域下生育保障法律制度的内涵也极为丰富，本文仅仅是从生育保障法律制度的补充完善、法律制度之间的衔接配合与法律制度体系的构建等层面进行了阐释，未能达致对生育保障法律制度所涉内容进行全方位的论述，未来仍有进一步延伸思考的空间和必要。

参考文献

[1] 常凯. 全球化下的劳资关系与劳工政策 [M]. 北京：中国工人出版社，2003.

[2] 陈苇. 中国婚姻家庭法立法研究 [M]. 北京：群众出版社，2010.

[3] 程燎原，王人博. 权利及其救济 [M]. 济南：山东人民出版社，1998.

[4] 董保华. 劳动关系调整的社会机制 [M]. 上海：上海交通大学出版社，2000.

[5] 董保华."社会法"与"法社会"[M]. 上海：上海人民出版社，2015.

[6] 董保华. 社会法原论 [M]. 北京：中国政法大学出版社，2001.

[7] 费孝通. 乡土中国生育制度 [M]. 北京：北京大学出版社，1998..

[8] 冯祥武. 反就业歧视法基础理论问题研究 [M]. 北京：中国法制出版社，2012.

[9] 邰风涛，张小建. 中国就业制度 [M]. 北京：中国法制出版社，2009.

[10] 龚向和. 社会权的可诉性及其程度研究 [M]. 北京：法律出版社，2012.

[11] 龚向和. 作为人权的社会权——社会权法律问题研究 [M]. 北京：人民出版社，2007.

[12] 郭曰君. 社会保障权研究 [M]. 上海：上海人民出版社，2010.

[13] 贺海仁. 公益诉讼的新发展 [M]. 北京：中国社会科学出版社，2008.

[14] 贺颖清. 福利与权利：挪威儿童福利的法律保障 [M]. 北京：公安大学出版社，2005.

[15] 胡薇. 国家回归：社会福利责任结构的再平衡 [M]. 北京：知识产权出版社，2012.

[16] 胡文木. 从观念到制度：公民社会权的实现 [M]. 杭州：浙江工商大学出版社，2016.

[17] 黄越钦. 劳动法新论 [M]. 北京：中国政法大学出版社，2003.

[18] 蒋月. 社会法论丛 2014 年卷 [M]. 北京：社会科学文献出版社，2014.

[19] 景天魁. 底线公平福利模式 [M]. 北京：中国社会科学出版社，2013.

[20] 李磊. 公民社会保险权利司法保障研究 [M]. 北京：中国政法大学出版社，2017.

[21] 李雄. 中国社会法立法前沿问题研究 [M]. 北京：法律出版社，2016.

[22] 林嘉，张世诚. 社会保险立法研究 [M]. 北京：中国劳动社会保障出版社，2011.

[23] 林嘉. 劳动法的原理、体系与问题 [M]. 北京：法律出版社，2016.

[24] 林嘉. 社会法评论（第六卷）[M]. 北京：中国人民大学出版社，2016.

[25] 林嘉. 社会保障法的理念、实践与创新 [M]. 北京：中国人民大学出版社，2002.

[26] 林来梵. 从宪法规范到规范宪法 [M]. 北京：法律出版社，2001.

[27] 林闽钢. 现代社会保障通论 [M]. 北京：中国社会科学出版社，2014.

[28] 林晓云，等. 美国劳动雇佣法 [M]. 北京：法律出版社，2007.

[29] 林喆. 公民基本人权法律制度研究 [M]. 北京：北京大学出版社，2006.

[30] 秦国荣. 劳动权保障与劳动法的修改 [M]. 北京：人民出版社，2012.

[31] 秦立建. 社会保障学——制度·理论·实践 [M]. 北京：高等教育出版社，2016.

[32] 史探径. 社会保障法研究 [M]. 北京：法律出版社，2000.

[33] 史尚宽. 劳动法原论 [M]. 台北：正大印书馆，1978.

[34] 史探径. 社会法学 [M]. 北京：中国劳动社会保障出版社，2007.

[35] 史探径. 社会保障法研究 [M]. 北京：法律出版社，2000.

[36] 王全兴. 劳动法 [M]. 北京：法律出版社，2017.

[37] 王铀镱，蒋月. 国际劳工标准的立法转化研究 [M]. 北京：中国法制出版社，2016.

[38] 王宗正. 东方社会法评论（第三卷）[M]. 厦门：厦门大学出版社，2016.

[39] 吴鹏飞. 中国儿童福利权研究 [M]. 北京：中国政法大学出版社，2015.

[40] 夏勇. 人权概念起源——权利的历史哲学[M]. 北京：中国社会科学出版社，2007.

[41] 龚向和. 从民生改善到经济发展：社会权法律保障新视角研究 [M]. 北京：法律出版社，2013.

[42] 夏勇. 中国民权哲学 [M]. 上海：三联书店，2004.

[43] 夏正林. 社会权规范研究 [M]. 济南：山东人民出版社，2007.
[44] 向春华. 社会保险法原理 [M]. 北京：中国检察出版社，2011.
[45] 谢增毅. 劳动法的比较与反思 [M]. 北京：社会科学文献出版社，2011.
[46] 信春鹰. 中华人民共和国就业促进法解读 [M]. 北京：中国法制出版社，2007.
[47] 信春鹰. 中华人民共和国社会保险法释义 [M]. 北京：法律出版社，2010.
[48] 邢玉霞. 我国生育权立法理论与热点问题研究 [M]. 北京：知识产权出版社，2008.
[49] 徐卉. 通向社会正义之路：公益诉讼理论研究 [M]. 北京：法律出版社，2009.
[50] 徐智华. 劳动法学 [M]. 2版. 北京：北京大学出版社，2016.
[51] 徐智华. 劳动法与社会保障法 [M]. 2版. 北京：北京大学出版社，2017.
[52] 徐智华. 劳动合同法研究 [M]. 北京：北京大学出版社，2011.
[53] 徐智华. 劳动者权益维护和法律适用 [M]. 武汉：武汉理工大学出版社，2003.
[54] 徐智华. 社会保障法 [M]. 北京：中国财政经济出版社，2006.
[55] 薛小建. 论社会保障权 [M]. 北京：中国法制出版社，2007.
[56] 闫淑敏. 职业女性的发展与工作—家庭关系研究 [M]. 北京：中国社会科学出版社，2015.
[57] 杨春福. 经济、社会和文化权利的法理学研究 [M]. 北京：法律出版社，2014.
[58] 杨福春. 权利法哲学研究导论 [M]. 南京：南京大学出版社，2000.
[59] 杨红燕. 财政社会保障支出：结构、公平性与影响 [M]. 武汉：武汉大学出版社，2014.
[60] 杨燕绥. 社会保障法 [M]. 北京：人民出版社，2012.
[61] 余少祥. 弱者的正义——转型社会与社会法问题研究 [M]. 北京：社会科学文献出版社，2011.
[62] 余涌. 道德权利研究 [M]. 北京：中央编译出版社，2001.
[63] 翟羽艳. 民事权利救济模式的选择——在公力救济与私力救济之间 [M]. 北京：法律出版社，2016.

[64] 张邦辉. 社会保障的政府责任 [M]. 北京：中国社会科学出版社，2011.

[65] 张恒山. 法理要论 [M]. 北京：北京大学出版社，2002.

[66] 张开云. 社会保障学导论 [M].2 版. 北京：科学出版社，2016.

[67] 张文显. 法哲学范畴研究（修订版）[M]. 北京：中国政法大学出版社，2001.

[68] 张翔. 基本权利的规范构建 [M]. 北京：高等教育出版社，2008.

[69] 赵红梅. 私法与社会法：第三法域之社会法基本理论范式 [M]. 北京：中国政法大学出版社，2009.

[70] 赵映诚, 王春霞. 社会福利与社会救助 [M]. 辽宁：东北财经大学出版社，2010.

[71] 郑秉文, 和春雷. 社会保障分析导论 [M]. 北京：法律出版社，2001.

[72] 郑功成. 社会保障研究 [M]. 北京：中国劳动社会保障出版社，2014.

[73] 郑功成. 中国社会保障改革与发展战略（总论卷）[M]. 北京：人民出版社，2011.

[74] 郑功成. 社会保障学——理论、制度、实践与思辨 [M]. 北京：商务印书馆，2002.

[75] 郑尚元. 劳动法和社会法专论 [M]. 北京：法律出版社，2015.

[76] 郑尚元. 劳动法与社会法理论探索 [M]. 北京：中国政法大学出版社，2008.

[77] 郑贤君. 基本权利原理 [M]. 北京：法律出版社，2010.

[78] 钟秉正. 社会法与基本权保障 [M]. 台北：元照出版有限公司，2010.

[79] 钟会兵. 论社会保障权的实现 [M]. 北京：中央文献出版社，2007.

[80] 钟明钊. 社会保障法律制度研究 [M]. 北京：法律出版社，2000.

[81] 周伟. 宪法基本权利——原理·规范·应用 [M]. 北京：法律出版社，2006.

[82] 曾坚, 尹力, 陈芳. 权利体系中的社会保障制度研究 [M]. 北京：中国民主法制出版社，2007.

[83] 中共中央马克思恩格斯列宁斯大林著作编译局. 马克思恩格斯选集（第4卷）[M]. 北京：人民出版社，1966.

[84] 丹尼·皮特尔斯. 社会保障基本原理 [M]. 蒋月, 王铀镱, 译. 北京：商务

印书馆, 2014.

[85] 威廉·冯·洪堡. 论国家的作用 [M]. 林荣远, 等译. 北京: 中国社会科学出版社, 1998.

[86] W. 杜茨. 劳动法 [M]. 张国文, 译. 北京: 法律出版社, 2005.

[87] 汉斯·察赫. 福利社会的欧洲设计: 察赫社会法文集 [M]. 刘冬梅, 张一帆, 译. 北京: 北京大学出版社, 2014.

[88] 莱昂·狄骥著. 宪法学教程 [M]. 王文利, 等译. 辽宁: 辽海出版社, 1999.

[89] 让-雅克·迪贝卢, 爱克扎维埃·普列多. 社会保障法 [M]. 蒋将元, 译. 北京: 法律出版社, 2001.

[90] Neil Gilbert Paul Terrell. 社会福利政策引论 [M]. 沈黎, 译. 上海: 华东理工大学出版社, 2013.

[91] 博登海默著. 法理学—法哲学及其方法 [M]. 邓正来, 译. 北京: 华夏出版社, 1987.

[92] 戴维·M. 沃克. 牛津法律大辞典 [M]. 李双元, 等译. 北京: 法律出版社, 2003.

[93] 路易斯·亨金, 等. 宪政与权利 [M]. 郑戈, 等译. 上海: 三联书店, 1996.

[94] 罗纳德·德沃金. 至上的美德: 平等的理论与实践 [M]. 冯克利, 译. 南京: 江苏人民出版社, 2003.

[95] 约翰·罗尔斯. 正义论 [M]. 何怀宏, 译. 北京: 中国社会科学出版社, 1988.

[96] 艾德. 经济、社会和文化的权利 [M]. 黄列, 译. 北京: 中国社会科学出版, 2003.

[97] A. 艾德, 等. 经济、社会和文化的权利 [M]. 黄列, 译. 北京: 中国社会科学出版社, 2003.

[98] 曼弗雷德, 诺瓦克. 民权公约评注 [M]. 毕小青, 孙世彦, 主译. 上海: 生活·读书·新知三联书店, 2003.

[99] 大沼保昭. 人权国家与文明 [M]. 王志安, 译. 上海: 三联书店, 2003.

[100] 大须贺明. 生存权论 [M]. 林浩, 译. 北京: 法律出版社, 2001.

[101] A.J.M. 米尔恩. 人的权利与人的多样性 [M]. 夏勇, 张志铭, 译. 北京: 中国大百科全书出版社, 1995.

[102] 贝弗里奇.贝弗里奇报告——社会保险和相关服务[M].劳动和社会保障部社会保险研究所组织翻译,北京:中国劳动社会保障出版社,1995.

[103] 简·米勒.解析社会保障[M].郑飞北,杨慧,译.上海:格致出版社,2012.

[104] 罗伯特·伊斯特.社会保障法[M].周长征,等译.北京:中国劳动社会保障出版社,2003.

[105] 洛克.政府论(下篇),叶启芳,等译.北京:商务印书馆,1964.

[106] 迈克尔·弗里曼.人权:跨学科的探究[M].汤智贸,译.台北:台北巨流图书有限公司,2006.

[107] 沙琳.需要和权利资格:转型期中国社会政策研究的新视角[M].北京:中国劳动社会保障出版社,2007.

[108] 凯瑟琳·贝纳德.欧盟劳动法[M].付欣,译.北京:中国法制出版社,2005.

[109] 马尔萨斯.人口原理[M].丁伟,译.甘肃:敦煌文艺出版社,2007.

[110] 赫伯特·斯宾塞.斯宾塞的快乐教育全书[M].周舒予,译.北京:北京理工大学出版社,2013.

[111] 陈玉玲.论生育权的权利属性及其侵权责任[J].法治论丛,2009(6):19-25.

[112] 崔宝琛.当代青年女性工作—家庭冲突研究——兼论中国家庭政策转向[J].山东女子学院学报,2017(3):37-44.

[113] 樊丽君.生育权性质的法理分析及夫妻生育权冲突解决原则[J].北京化工大学学报,2005(3):7-12.

[114] 龚向和.论社会权的经济发展价值[J].中国法学,2013(5):93-101.

[115] 何文炯,杨一心,王璐莎,等.中国生育保障制度改革研究[J].浙江大学学报(人文社会科学版),2014(4):5-18.

[116] 和建花,蒋永萍.从支持妇女平衡家庭工作视角看中国托幼政策及现状[J].学前教育研究,2008(8):3-6,39.

[117] 胡玉鸿."人的尊严"的法理疏释[J].法学评论,2007(6):3-12.

[118] 黄桂霞.中国生育保障水平的现状及影响因素分析——基于第三期中国妇女社会地位调查的实证研究[J].妇女研究论丛,2015(5):103-111.

[119] 蒋莱.当前生育保障体系中的矛盾关系与对策探究[J].中华女子学院学报,2012(5):49-54.

[120] 李炳安.略论社会法的逻辑起点和基本范畴[J].法学评论,2014(2):129-133.

[121] 李雄,刘山川.我国制定反就业歧视法的若干问题研究[J].清华法学,2010(5):24-37.

[122] 李雄,吴晓静.我国反就业歧视法律规控研究[J].河北法学,2010(12):53-61.

[123] 李颖.全面二孩政策下的生育保险制度调整探讨[J].市场论坛,2016(8):1-3.

[124] 刘文平.社会权实现的国家义务——以社会权的双重性质理论为视角[J].西部法学评论,2009(1):30-35.

[125] 柳经纬.从权利救济看我国法律体系的缺陷[J].比较法研究,2014(5):185-190.

[126] 莫纪宏.论对社会权的宪法保护[J].河南政法管理干部学院学报,2008(3):1-28.

[127] 齐延平,于文豪.中国人权法学研究的多学科实践面向[J].山东大学学报,2012(2):67-76.

[128] 乔晓春.实施"普遍二孩"政策后生育水平会达到多高?兼与翟振武教授商榷[J].人口与发展,2014(6):2-15.

[129] 沈云樵.论人权范式及其当代转型[J].浙江社会科学,2014(10):50-59,120,156-157.

[130] 孙艳艳.0~3岁儿童早期发展家庭政策与公共服务探索[J].社会科学,2015(10):65-72.

[131] 覃成菊,张一名.我国生育保险制度的演变与政府责任[J].中国软科学,2011(8):14-20.

[132] 王毅平.全面两孩生育政策对女性的影响及其对策[J].山东女子学院学报,2016(3):27-30.

[133] 温泽彬.公民福利权的生成与实施路径[J].求是学刊,2015(6):69-76.

[134] 徐智华.劳动争议处理几个疑难问题研究[J].中国法学,2003(3):129-

132.

[135] 杨菊华,杜声红.部分国家生育支持政策及其对中国的启示[J].探索,2017(2):137-146.

[136] 杨菊华.健全托幼服务推动女性工作与家庭平衡[J].妇女研究论丛,2016(2):11-14.

[137] 尹文耀,姚引妹,李芬.生育水平评估与生育政策调整——基于中国大陆分省生育水平现状的分析[J].中国社会科学,2013(6):109-128.

[138] 袁立.传承与嬗变:社会权可诉性的多重面相[J].中南民族大学学报,2011(2):118-123.

[139] 翟振武.立即全面放开二胎政策的人口学后果分析[J].人口研究,2014(2):3-17.

[140] 张东明.德国的社会福利制度与政策[J].中国财政,2013(10):70-71.

[141] 张琪,张琳.生育政策变化对女性权益影响的实证分析——基于北京市妇女的调查数据[J].山东女子学院学报,2016(3):22-26.

[142] 张永英,李线玲.新形势下进一步改革完善生育保险制度探讨[J].妇女研究论丛,2015(6):41-46.

[143] 邹明明.瑞典的儿童福利制度[J].社会福利,2009(12):58-59.

[144] 李媛.三孩生育政策与公共投入的有效衔接[J].长安大学学报(社会科学版),2021,23(4):101-106.

[145] 林绍珍.劳动权益对职业女性二孩生育意愿的影响——基于福建省的调查数据[J].三峡大学学报(人文社会科学版),2021,43(2):94-98.

[146] 邹萃.两险合并:让生育保障更可及[J].中国社会保障,2019(21):148-149.

[147] 沈澈,王玲.互动式发展:新中国成立70年来生育政策与生育保障的演进及展望[J].社会保障研究,2019(6):27-36.

[148] 江苏芬."全面二孩"政策背景下女性社会保障存在的问题及对策分析[J].重庆工商大学学报,2017,34(6):77-81.

[149] 贾玉娇.生育率提高难在何处?——育龄女性生育保障体系的缺失与完善之思[J].内蒙古社会科学(汉文版),2019,40(3):45-50.

[150] 陈秀红.影响城市女性二孩生育意愿的社会福利因素之考察[J].妇女研

究论丛，2017(1):30-39.

[151] 刘祎蓝.女性职工生育保障现状及其对二孩生育意愿的影响——基于苏州的实证分析.[J].劳动保障世界，2018(21):21-22.

[152] 宋亚旭,于凌云.我国生育意愿及其影响因素研究综述:1980-2015[J].西北人口，2017,38(1):12-18.

[153] 罗文婷.我国生育保障优化研究——基于生育保障对育龄女性生育意愿的影响[J].黑龙江人力资源和社会保障.2021,(12)37-39.

[154] 穆光宗.三孩政策与中国人口生育的优化:背景、前景和愿景[J].扬州大学学报（人文社会科学版），2021(4):65-67.

[155] 风笑天.城市两类育龄人群二孩生育意愿的影响因素研究[J].东南大学学报（哲学社会科学版），2017(3):75-82.

[156] 段美枝."全面二孩"政策目标下生育保障制度改革研究[J].卫生经济研究，2018(4):20-22.

[157] 李静雅.已育一孩职业女性的二孩生育压力研究:基于心理学压力源理论模式的分析[J].南方人口，2018(3):43-45.

[158] 沈澈,王玲.互动式发展:新中国成立70年来生育政策与生育保障的演进及展望[J].社会保障研究，2019(6):27-36.

[159] 奥登,班晓娜,陈谊谨.中国台湾地区"生育保障政策"分析[J].北京航空航天大学学报（社会科学版），2018(4):67-74.

[160] 林燕玲.女职工假期设置对女性权益维护的影响及国际经验比较[J].中国劳动关系学院学报，2018,32(3):15-34.

[161] 李西霞.生育产假制度发展的国外经验及其启示意义[J].北京联合大学学报（人文社会科学版），2016,14(1):100-106.

[162] 廖敬仪,周涛.女性职业发展中的生育惩罚[J].电子科技大学学报，2020,49(1):139-154.

[163] 余秀兰.女性就业:政策保护与现实歧视的困境及出路[J].山东社会科学，2014(3):48-53,128.

[164] 傅静.从性别歧视的角度简析女大学生就业问题[J].河海大学学报（哲学社会科学版），2009,11(1):86-89,93.

[165] 冉昊.德国生育津贴制度变迁的社会功用分析——从"养育津贴"到"父

母津贴"[J]. 贵州省党校学报, 2019(1):69-78.

[166] 王友青. 企业带薪休假制度落实的现状及对策分析——以西安为例[J]. 消费经济, 2010, 26(2):60-62, 66.

[167] 人力资源和社会保障部劳动科学研究所课题组, 郑东亮, 张丽宾. 2012年中国劳务用工行业就业指数报告[J]. 经济研究参考, 2013(33):3-27, 57.

[168] 吕春娟. 全面二孩视域下国家分担未成年子女养育成本制度建构[J]. 兰州财经大学学报, 2019, 35(4):75-83.

[169] 刘娜, 卢玲花. 生育对城镇体制内女性工资收入的影响[J]. 人口与经济, 2018(5):10-19.

[170] 刘中一. 角色虚化与实践固化:儿童照顾上的父职——一个基于个体生命经验的考察[J]. 人文杂志, 2019(2):106-112.

[171] 王雨磊. 父职的脱嵌与再嵌:现代社会中的抚育关系与家庭伦理[J]. 中国青年研究, 2020(3):63-70.

[172] 王向贤. 社会政策如何构建父职?——对瑞典、美国和中国的比较[J]. 妇女研究论丛, 2014(2):49-54.

[173] 房莉杰, 陈慧玲. 平衡工作与家庭:家庭生育支持政策的国际比较[J]. 人口学刊, 2021, 43(2):86-97.

[174] 陈文联. 从依附走向自主:近代中国女性主体意识觉醒的历史轨迹[J]. 中南大学学报(社会科学版), 2005, 11(2):237-242.

[175] 范玲, 吴连方. 产妇分娩期的生理及心理特点[J]. 中国实用妇科与产科杂志, 2005(5):276-278.

[176] 刘兰芬, 赵贵芳, 张志华, 等. 产妇产前的心理状态及相关因素分析[J]. 中华妇产科杂志, 1998(7):24-26.

[177] 邝利芬, 程同顺. "全面二孩"生育政策下女性基本权利的保障——基于性别公正的视角[J]. 天津行政学院学报, 2016, 18(4):63-68.

[178] 童文胜, 汪文靓. 挪威育儿家庭政策的经验[J]. 当代青年研究, 2015(6):115-121.

[179] 周佳民. 托幼公共服务对农村女性劳动参与时间的影响[J]. 兰州工业学院学报, 2020, 27(5):112-116.

[180] 范维强,刘俊霞,杨华磊.生育、养老保险基金可持续与养老金待遇机制调整[J].统计与信息论坛,2020,35(9):17–25.

[181] 林海鑫.我国生育保险制度改革问题研究[J].经济研究导刊,2021(11):76–78.

[182] 刘浩锴.从单系抚育到双系抚育:家庭生育假的检视与形塑[J].萍乡学院学报.2021(10):48–51.

[183] 中华人民共和国人力资源和社会保障部网站:http://www.mohrss.gov.cn/

[184] 中华人民共和国国家卫生健康委员会网站:http://www.nhfpc.gov.cn/

[185] 国家统计局网站:http://www.stats.gov.cn/

[186] 中国社会法研究网:http://www.shehuifa.com/

[187] 社会法学研究网:http://shfxyjw.zuel.edu.cn/

[188] 何亚福.卫健委"三定"方案折射人口政策转向[N].中华工商时报,2018–09–13.

[189] 和建花.生育新政呼唤托幼公共服务水平持续提升[N].中国妇女报,2015–11–03.

[190] 刘明辉.产假延长及待遇提升的双重影响及完善建议[N].中国妇女报,2017–08–22.